Human Resource Management

ケーススタディ

# グローバルHRM
人的　資源　管理

日本企業の挑戦

桑名義晴・岸本寿生・今井雅和・竹之内秀行・山本崇雄［著］

中央経済社

# まえがき

　いま日本企業は熾烈なグローバル競争の真っただ中にある。このグローバル競争は，かつて日米欧の企業間で繰り広げられていたが，近年ではアジア中進国や新興国の企業も参入したため，いっそう熾烈になった。そのうえ，近年ではデジタル革命によって，国際ビジネス環境が急変しつつあり，日本企業はこれまでに経験したことのない新たな多様な経営課題に取り組まなければならなくなっている。

　日本企業が新たな経営課題に取り組み，世界の多国籍企業やグローバル企業との競争に立ち向かうには，それに携わるのに相応しい人材が不可欠である。昔からよくいわれるように，「経営は人なり」で，人材こそが企業にとって最も重要な資産だからである。しかし日本企業には，そのような人材が著しく不足している。もちろん，日本企業もこれまで国際化やグローバル化を進めるプロセスで，国際ビジネスを担える人材の育成に努めてきた。だが，質的にも量的にも，その需要に追いついていないのが実情である。

　こうして，2010年頃から日本企業において，「グローバル人材」の育成が声高に叫ばれるようになった。しかし，そのような人材の育成は一朝一夕にはできず，またそれには人事制度の改革も必要になる。このため，日本の先進的な企業のなかには，これまでの国際人的資源管理を見直し，新たにグローバルHRM（Human Resource Management：人的資源管理）に挑戦する企業がみられるようになった。

　ところで，国際人的資源管理には，大別すると，新たな国際人材の育成と国際人事制度の構築という課題がある。前者には海外派遣社員の育成，現地人マネジャーの育成と登用，外国人の採用と登用の問題があり，後者には世界共通のグローバル人事制度の構築という課題がある。これらの課題への取り組みには，グローバル戦略，現地化，内なる国際化（本社の国際化）という，国際ビジネスを展開するうえでの3つの最重要な経営課題と整合性を持って進められる必要がある。本書は，この3つの国際ビジネス展開上の経営課題に対応して，

日本企業がどのように国際人的資源管理を展開し，さらに新たにグローバル人的資源管理の展開に動き出そうとしているかについて探ろうとしたものである。

　本書は，この研究課題に対して，ケーススタディの方法でアプローチしている。国際ビジネスを積極的に展開している日本企業を研究対象として，そのような企業が国際化やグローバル化の戦略を展開するプロセスで，どのような人材を育成してきたのか。また，そのような企業がそれに対する人事制度をどのように構築し，どのような課題に直面してきたのか。さらに，そのような企業が今後どのような人材を育成し，かつそのための人事制度を構築しつつあるのかを研究しようとしたものである。

　ケーススタディとして選定した企業は，日本の著名な製造業の企業6社とサービス業の企業2社である。前者については，早くからグローバル化を推進し，国際人的資源管理の改革に積極的に取り組んでいる企業である。後者については，近年急進しつつあるサービス産業の国際化に鑑み，それに積極的に取り組み，しかもユニークな国際人的資源管理を展開している企業である。

　本書の構成は次のようになっている。

　第1章では，日本企業のグローバル化と国際人的資源管理の変遷を略説し，その特徴と問題点を指摘した後，本書の内容について概説する。第2章から第4章では，3社（ブリヂストン，YKK，日立製作所）のグローバル戦略やグローバル経営の展開との関連から，それらの人事制度や人事部門の改革，人材育成について論述する。第5章（資生堂）と第6章（パナソニック）では，現地化戦略に焦点をあて，海外市場開拓に際し，海外派遣社員が果たした役割について紹介する。第7章（ナブテスコ）では，内なる国際化（本社の国際化）と外国籍人材の採用とその影響について論及する。

　第8章と第9章では，サービス産業の企業2社（ヤマト運輸，加賀屋）を取り上げ，それぞれの国際展開，人材教育・育成，および日本的サービスの海外移転とそれに伴う諸課題について言及する。そして終章では，以上のケーススタディから明らかになった日本企業のグローバル人的資源管理に向けての動きについて整理し，加えてその今後の展開に向けてのいくつかの課題を提起する。

　日本企業の国際人的資源管理に関する研究書は，わが国でも少なくないが，

本書は類書にない体系的な視点から，日本のリーディング・カンパニーの国際人的資源管理の現状を踏まえつつ，グローバル人的資源管理に向けての動きと諸課題について論及している。その意味では，本書は日本企業のグローバル戦略や国際人事を担当されているビジネスパーソン，国際ビジネス分野の研究者や学生にとっても示唆に富む有用な書であるといってよい。

なお，本書の出版までに多くの方々のお世話になった。まず，本書のケーススタディの対象となった企業の関係者には，ご多忙にもかかわらず，われわれのインタビュー調査にご協力をいただくとともに，貴重な資料をも提供いただいた。紙幅の関係から，一人ひとりお名前を挙げることができないが，感謝申し上げたい。次に，本書の出版をご快諾くださった中央経済社の関係者に感謝申し上げたい。とくに，同社学術書編集部編集長の納見伸之氏と同副編集長の市田由紀子氏には，本書の上梓に至るまで忍耐強く付き合っていただいたのみならず，編集業務においても細部にわたって貴重なアドバイスをいただいた。記して深謝申し上げたい。

2019年8月

執筆者を代表して

桑名　義晴

# 目　次

## 第1章　グローバル人的資源管理への挑戦 ——————— 1

**1**　グローバル化と国際人的資源管理の変遷・1

**2**　日本企業の国際人的資源管理の特徴と課題・4

国際人的資源管理の対象領域／4

日本企業の国際人的資源管理の特徴と問題点／6

グローバル人事制度の構築へ／9

**3**　本書の概説・10

## 第2章　ブリヂストン ——グローバル経営の長い道のりと到達点 ——————— 15

**1**　最終目標と経営スタンス・16

**2**　国際人的資源管理の諸制度・18

**3**　グローバル化の長い道のりと人的資源管理・21

戦前・戦後の海外事業：戦前のボーングローバル／21

本格化する事業の国際化／24

グローバル「断トツ」を目指して／25

**4**　グローバル化の到達点：ガバナンス体制・28

## 第3章 YKK
——YKK精神に基づく自律したグローバル人事制度 —— 37

### 1 世界72カ国・地域で展開するYKK・37
YKKの海外展開の基本方針／39

### 2 グローバル体制を支える人事制度：人材育成とコアバリュー・40
人事理念・人事ビジョン／40
人事制度：人事職層とコース，等級／42
海外事業所への人事制度の適用／44
人材育成制度／45

### 3 グローバル経営の真髄：YKK精神と経営理念・48
理念の伝承／50

### 4 さらなるグローバル・カンパニーを目指して・51
ダイバーシティ経営／52

## 第4章 日立製作所
——グローバルメジャーを目指して —— 55

### 1 「グローバルメジャーになる」：経営戦略の大転換・56

### 2 人財マネジメントも戦略に従う：主な基盤の構築・58

### 3 人財部門改革と人財マネジメントは車の両輪・61
人財マネジメント改革への賛同者を増やす／62
事業部門が人財マネジメントのオーナー／63
事業部門に価値を提供する／64
人財マネジメント改革の要諦／66

目　次　iii ◆

**4　次世代社長をつくる：タレントマネジメント・67**

経営者候補の育成／67

教育プログラム／69

日本人社員の育成／70

第5章
## 資生堂
——現地化戦略と女性の海外派遣社員の活躍 ——— 77

**1　日本発のグローバルビューティーカンパニーへ・78**

試練を乗り越える／78

始まった改革：動け資生堂／80

**2　海外事業展開と現地化戦略・82**

海外事業の展開／82

中国市場への進出／84

**3　ビューティーコンサルタントの役割と活躍・87**

海外派遣人材とビューティーコンサルタント／87

ビューティーコンサルタントの海外派遣と活躍／90

現地人BCの育成と「おもてなしの心」の伝授／92

**4　真のグローバル・カンパニーに向けての人材育成・95**

第6章
## パナソニック
——新興国市場開拓と海外派遣者の役割 ——— 101

**1　「松下」から「パナソニック」へ・102**

**2　パナソニックの全社グループ再編と海外事業の位置づけ・102**

「中村改革」によるグループ内子会社の再編／102

## 3 パナソニックのインドにおける事業展開・104

パナソニックの海外展開／104

インドにおける事業展開／105

## 4 本社－海外子会社間の関係と海外派遣者の役割・112

### 第7章 ナブテスコ
──内なる国際化とジャパン・スタンダード ────── 121

## 1 事業概要・122

事業統合の歴史／122

4つの事業セグメント／122

ニッチ市場と顧客との関係性／125

## 2 ナブテスコのグローバル戦略・126

海外展開の歴史／126

海外展開の基本方針／127

## 3 外国籍人材の新卒採用・128

外国籍人材の新卒採用へ／129

外国籍人材の採用状況／130

外国籍人材の採用方法／131

研　修／132

配属・評価・報酬／134

## 4 外国籍社員のもたらしたもの・136

内なる国際化／136

ジャパン・スタンダードの将来的課題／138

目　次　v

**第8章 ヤマト運輸**
——日本的サービスの海外移転と現地人材の育成 —— 141

**1 イノベーションと市場創造への挑戦・142**

イノベーションに向けて／142

連続的なイノベーション／143

**2 アジア市場開拓と日本的サービスの移転・148**

アジア市場開拓の動機と展開／148

海外での宅急便事業と日本的サービスの移転／150

**3 現地人材の育成と課題・154**

現地人材の教育と育成／154

現地人材の育成の課題／158

**第9章 加賀屋**
——「おもてなし」を台湾で実践する客室係の育成 —— 163

**1 加賀屋の歴史と概要・164**

加賀屋の歴史／164

加賀屋が提供するものと「おもてなしのサービス」／165

**2 台湾への事業展開：日勝生加賀屋の開業までの道のり・169**

開業までに立ちはだかる問題／170

**3 日勝生加賀屋の開業・172**

日勝生加賀屋の経営／173

日勝生加賀屋の新たな取り組み／173

**4 「おもてなし」を実践する人材育成・174**

客室係のキャリアパス／175

5 「おもてなし」の海外移転：日勝生加賀屋の経営・177

## 終章 日本発のグローバル人的資源管理の展開へ
183

1 変わる日本企業・183

2 グローバル人的資源管理への動き・186

グローバル化と人事制度の世界共通化／186
現地化と海外派遣社員による市場開拓／187
本社人材の国際化とダイバーシティ／189
日本的サービスの海外移転と現地人材の育成／190

3 グローバル人的資源管理の展開への課題・191

索　引──────────196

# 第1章 グローバル人的資源管理への挑戦

## 1　グローバル化と国際人的資源管理の変遷

　ここ数年間日本企業ではグローバル人材の育成が声高に叫ばれている。これを反映して，企業だけではなく，政府機関，大学などでも，グローバル人材の育成の重要性が指摘され，その教育に力を入れている。しかし，そのような人材を育成することは一朝一夕にはいかない。しかも企業の側で，その育成のための教育や人事制度を確立し，かつ世界の多くの人々からも評価される職場をつくらなければならない。

　ところが日本企業に対する外国人の評価は高くない。「日本企業は欧米企業と比べると，給料は低いし，昇進も遅い」，「日本企業では『ガラスの天井』があり，将来の人生設計ができない」，「日本企業の組織はピラミッド型で，役職に就いても裁量が狭く，昇進しても力が発揮できない」などの意見が多い。

　一方，日本からの海外派遣社員も，日本の本社に対して不満を抱いている。彼らから「本社のコントロールが強くて，自由裁量権が少ない」，「本社は現地のことを理解してくれず，コミュニケーションがうまくできない」，「ほんとOKY（オーケーワイ）の感じですよね」[1] などの声が聞かれる。

　このような声に耳を傾けるならば，日本企業におけるグローバル人材の育成には多くの難問が山積しているといわざるをえない。そこには山あり谷ありで，まさに長くて険しい道のりが待っているように思われる。とはいっても，経済のグローバル化が進展し，企業間のグローバル競争がますます熾烈化する今日，日本企業はグローバル人材の育成や獲得に取り組まざるをえない。では，日本企業のグローバル人材の育成や獲得にはどのような課題があるのか。これらの課題にアプローチするのが本研究の目的の1つである。

　もちろん，近年「グローバル・マネジャー」や「グローバル・リーダー」の

育成と銘打って，そのような人材の育成に取り組んでいる日本企業が多いが，国際ビジネスに携わる人材の育成については，いまに始まったことではない。それは日本企業の国際展開と並行して行われてきている。そこで，まず日本企業が国際化やグローバル化を進展させるプロセスで，どのような人材の育成を必要とし，また育成してきたのかについてみていくことにする[2]。

　かつての企業の国際化の第一歩は輸出に始まった。天然資源に恵まれない日本が経済的に発展するには良質の製品を生産し輸出するしか道はない。このため第二次世界大戦後，日本企業はQCサークルを中心とした品質改善運動を展開し，良質の製品の生産に成功して，それをもって海外市場に進出した。この段階では海外市場の開拓・拡大が最優先の課題となるため，どの企業も製品販売の得意な人材を確保し派遣した。体力と気力に溢れたタフで，しかも語学の達者なセールス能力のある人材を採用し，彼らを海外市場の開拓にあたらせた。通常，そうした人材の多くは輸出部のスタッフであった。彼らは海外市場では自社の製品販売のために，優秀なセールスマンとして活躍した。

　こうした輸出活動が奏功して，日本企業は1960年代半ばから70年代にかけて急成長し，日本経済も高度成長を遂げることになった。しかしそれに並行する形で，日本国内では従業員の賃金上昇，土地価格の高騰などの問題が発生する一方，韓国，台湾，東南アジア諸国が工業化政策を打ち出し，日本企業の誘致を図った。また70年代後半から，家電，自動車，半導体など多くの産業分野において，欧米諸国との間で貿易摩擦も発生した。さらに，この時期から為替相場が大きく変動し始め，円高も生じるようになった。そこで日本企業の多くは，その国際戦略を輸出から海外生産にシフトせざるをえなくなった。日本企業の本格的な国際化の始まりである。

　企業が海外生産をするようになると，その海外子会社に生産技術，生産管理や財務管理などの経営管理ノウハウの移転が必要になる。このため，日本企業はそれらの移転のために，その専門知識や能力を持った人材を派遣しなければならなくなった。ところが，そのような専門知識や能力を持った人材の多くは，輸出部のスタッフと違って，概して語学に堪能とはいえず，また異文化への適応も上手とはいえない。この結果，そのような人材が海外に赴任し仕事をし始めると，現地人従業員との間で，ミス・コミュニケーションなどに起因する多

くのトラブルが発生するようなる。しかもその多くは，常に日本の本社のほうを向いて仕事をするために，現地人従業員から信頼されず，仕事をするうえで多くの支障もきたすようになった。ここに日本の本社は国際マネジャーの育成の重要性を痛感する。

海外生産の段階で重要になる人材は，海外子会社の経営管理全般に精通するとともに，本社との調整をも担える人材である。どんなに語学に堪能であっても，製品のセールス能力しかない人材には，このような任務は務まらない。海外子会社の経営を軌道に乗せ発展させるには，もちろん語学力も大事ではあるが，それ以上に海外子会社の経営管理能力が重要になる。日本企業の人材育成の方法は，それまでOJTが中心であったが，この段階になって先進的な企業は体系的な教育プログラムに沿って本格的な国際マネジャーを育成するようになった。

企業は，ある国で海外生産を軌道に乗せ，海外事業に成功すると，次に他の国や地域にも進出し子会社を設立するようになる。ここに企業は多国籍化の段階に入る。日産，松下電器（現パナソニック），ソニー，味の素など，日本を代表する企業は，1980年代半ば頃からこの段階に入った。この段階では本国の親会社を中心とした国際分業体制が構築され，海外子会社の資金調達，生産，在庫，輸出割当などの調整活動も必要になる。それゆえ，企業には全社的な視点から国際ビジネスを担えると同時に，外国のビジネスパーソンとも十分にコミュニケーションのできる人材が必要になる。

一方，海外子会社側では現地のビジネス環境や慣行に適応するよう経営の現地化が必要になる。企業には現地のビジネス事情に精通した現地人の活用が経営課題となる。このため多国籍化の段階では，現地人マネジャーの育成も人事管理上の重要な課題となる。

さらに，多国籍化の段階がより進展し，グローバル戦略に基づいて全世界的または地球規模でビジネス活動を展開するようになると，企業はグローバル段階に入る。この段階では，親会社と海外子会社，海外子会社間，さらには他企業との提携などを通じて，ヒト，モノ，カネ，情報など，いわゆる経営資源の相互交流が盛んになり，グローバル・ネットワーク型の経営が展開されることになる。またこの段階の企業は海外子会社の自律的経営，グローバル提携，ク

ロスボーダーM&A, オープン・イノベーション, グローバル学習, マルチカルチュラル・チームの管理など, 世界の多様なビジネスパーソンとの交渉や協働が必要になる新たな経営課題にも直面する。したがって, この段階ではグローバルな視野とスケールでビジネスを思考し行動できると同時に, ローカルにも思考・行動できる多様な資質や能力を持った人材が必要になる。ここに日本企業も, グローバル・マネジャーやグローバル・リーダーの育成に本腰を入れて取り掛からなければならなくなった。こうして, グローバル経営を展開している日本企業は, いままさにそのような人材の育成に力を入れるとともに, 世界に通用する人事制度の構築に取り掛かるようになっている。

## 2 日本企業の国際人的資源管理の特徴と課題

### 国際人的資源管理の対象領域

日本企業は, そのビジネスの国際化やグローバル化のプロセスで, それぞれの段階に必要な人材を育成するようにしてきているけれども, それは非常に遅れている。欧米のグローバル企業と比べると, それは「周回遅れ」とも揶揄されるときもある。それは人材育成には時間がかかるからにほかならない。とくに, 国際ビジネス活動には言語, 異文化コミュニケーション能力, 外国人との交渉力など, 国内ビジネスの遂行には求められない多くの資質や能力が必要になるからである。しかし, このような資質や能力は四方を海に囲まれた島国で育ち, 長年同質的な社会や組織文化にどっぷり漬かった日本人にはもともと備わっておらず, したがってその習得にも時間がかかる。

しかし, いうまでもなく国際ビジネス活動でも主役はヒトで, その成否もヒトによって決まる。優秀で適任の人材が国際ビジネス活動を担うと, その企業のパフォーマンスも向上するだろう。その意味では, 企業はそのような人材やそのポテンシャルを有する人材を採用・育成し, さらにその能力を十分に発揮できるマネジメントをすることがきわめて重要になる。だが, 多国籍企業やグローバル企業は, 世界の多様な地域や国でビジネス活動を行っているので, 人種, 国籍, 言語, 価値観など文化的背景も異なる多様な人材を雇用している。同時に多国籍企業やグローバル企業は, その国際ビジネスを遂行する際に, 多

様なタイプの人材を必要としている。これらの点に国際人的資源管理の難しさがある。

多国籍企業やグローバル企業で働く人材のタイプについてみると，その出自から本国人材，現地国人材，第三国人材に分けられる。本国人材とは，本社の所在する国の人材である。現地国人材とは，海外子会社の所在する国の人材である。そして第三国人材とは，本国でもなく進出先の現地国でもない国からの人材である。

次に，国際ビジネスを担当する地域の範囲からみると，グローバル人材，リージョナル人材，ローカル人材に分けられる。グローバル人材とは，国境や地域を超えて，まさに地球規模で思考し行動する人材である。リージョナル人材とは，米国，欧州，アジアなど，一定の地域単位で思考し行動する人材である。ローカル人材とは，特定の国のみで思考し仕事を遂行する人材である。

さらに，国際ビジネスの担当機能からみると，ファンクショナル人材，ビジネス人材，コーポレート人材に分けられる[3]。ファンクショナル人材とは，国際ビジネス関係の購買，生産，販売，財務など，各部門の専門的な仕事を遂行する人材である。ビジネス人材とは，国際ビジネスの各事業部担当の人材である。そしてコーポレート人材とは，本社のトップ・マネジメントで，全社的なグローバル戦略の策定やマネジメントを担当する人材である。

一口に国際ビジネス活動を担当する人材といっても，多国籍企業やグローバル企業の場合，以上のような多様な人材が存在する。国際人的資源管理は国際ビジネスにかかわる人材の採用，配置，育成，評価，処遇（給与，昇進など）などの諸問題を対象にしている。しかも国や地域で経済・社会制度，法律，教育，言語，宗教，価値観，習慣などに違いがある。国際人的資源管理は，このような違いをも考慮に入れなければならないという点において，その複雑さと難しさがある。

加えて，近年では企業のグローバル化によって，進出地域の多様化，グローバル提携，クロスボーダーM&A，オープン・イノベーションなど，経営課題もグローバルな次元で多様化してきているので，それらの課題を担当する人材に求められる資質や能力も多様で高度化してきている。それがまた，国際人的資源管理の複雑さや難しさに拍車をかけている。

また，近年ではグローバル競争がますます熾烈化しているので，企業はその競争に勝つために，戦略的な視点から競争優位を構築しなければならなくなっている。このため国際人的資源管理も，そのような戦略的な視点から考えなければならなくなっている。近年，「戦略的国際人的資源管理」の重要性が主張される所以である[4]。そこで次に，これまでの日本企業の国際人的資源管理の特徴と問題点についてみていきたい。

## 日本企業の国際人的資源管理の特徴と問題点

これまでの日本企業の国際人的資源管理の特徴や問題点についてみる場合，国際人材の育成と国際人事制度についてみる必要がある。この2つについては，これまで多くの研究がある[5]。そこでここでは，それらの研究を参考にして，日本企業の国際人的資源管理の特徴と問題点についてみることにする。

まず，日本企業の国際人材の育成に関する特徴と問題点からみていこう。これについては，①日本からの海外派遣社員の育成，②現地人マネジャーの育成と登用，③本社における外国人の採用と登用の問題がある。

日本からの海外派遣社員の育成の問題からみていくと，その派遣者数が多いのが大きな特徴であるとともに問題点でもあった。企業の海外進出の初期段階では，日本からの海外派遣社員の果たす役割は大きい。彼らは海外子会社の経営を軌道に乗せなければならないという任務を持っている。このため，彼らは日本から生産技術，生産管理手法，その他の経営管理スキルを移転し，さらに経営理念や方針を現地人従業員に浸透させなければならない。また彼らは海外子会社と本社との活動の調整もしなければならない。

こうして，日本企業は，海外子会社に多くの社員を派遣してきた。この結果，日本企業の海外子会社では日本からの派遣社員の人数が欧米の多国籍企業に比べても，際立って多いことになった。日本からの海外派遣社員の比率の高さは，最近いくらか低下してきているとはいえ，1970年代から一貫してみられる現象である。しかも日本からの派遣社員が海外子会社の管理職，とりわけトップ・マネジメントに就くケースも多い。これは，海外，とくにアジアの発展途上国や新興国では，海外子会社の中間管理者やトップ・マネジメントに就く能力のある人材が不足している，という事情もあるが，それでもその人数が非常に多

いのが日本企業の国際人材に関する特徴である。

ところが，海外における日本人派遣社員の評価は必ずしも高くない。ある調査によれば，日本人派遣社員のトップは，現地人トップと比べると，社外人脈が狭く，社外との交渉力に劣るし，ミドルも現地人上司に比べると，業務遂行能力，リーダーシップ能力，部下育成能力などにおいて劣る[6]。そこで，海外派遣社員の教育や研修に力を入れ，将来のグローバル人材育成を念頭に置いて，若いうちから海外に派遣し，現場で経験を積ませたり，外国の従業員と一緒に研修させるという企業も最近増えてきている。

しかしながら，日本からの派遣者が多い点については少なからず問題もある。まず，現地人従業員の動機づけと海外子会社の活性化や成長という点からみると，それはマイナスに作用する[7]。一般に，どこの国の人間であれ，自分の成長を志向する人は，会社で充実した仕事をして，よりよいポストに就きたいと考える。にもかかわらず，その会社に本国から多くの社員が派遣されてきて，主要ポストを占めてしまったらどうなるか。現地人従業員は仕事に対する意欲をなくし，早晩その会社を辞めたいと考えるだろう。その結果，海外子会社の活性化や成長も期待できない。

次に，日本からの海外派遣者が多いということは，企業のコスト面からみても問題がある。日本企業の場合，海外派遣者に要する費用はかなりの額になるので，それが企業の収益を圧迫させる要因にもなる。とくに発展途上国や新興国では，日本人派遣社員の1人の給料で，何人もの現地人を採用することができる。

このような点からみて，日本企業も現地人を育成し，彼らを子会社のマネジャーに登用するようにしたほうが得策である。現地人の育成とマネジャーへの登用は，現地のビジネスに関する情報や知識，経営管理ノウハウの獲得，現地の政府や社会との関係構築，さらには現地企業との協業や協働の促進などの点からみても理にかなっている。それにもかかわらず，日本企業では現地人のマネジャーへの登用は少ない。これも経営の現地化との関連で，長年日本企業の国際人的資源管理の大きな特徴と問題点として指摘されてきた点である。とくに日本企業では現地人社長が少ない。1990年代でもその割合は2割強でしかなかった[8]。この反省に立ち2000年代に入って，パナソニック，ファーストリ

テイリング，ダイキンなどにおいて，外国人を海外子会社の幹部候補生として大量に採用する会社も出てきた。

日本企業の海外子会社のマネジャーについて付け加えると，欧米の多国籍企業と比べて，第三国人が少ない，という点も指摘されている。海外子会社のマネジャーに第三国人を登用すると，職場がいっそう多様になり，またより客観的な視点から経営を行うことができるし，日本人従業員に対して刺激を与えることにもなる。しかし，その反面彼らの処遇やコミュニケーションなどにおいて，面倒で厄介な問題が発生する恐れがあるので，日本企業の海外子会社では第三国人のマネジャーが少ないのである。

さらに，日本企業がグローバル化をいっそう推進していくためには本社の国際化も不可欠である。それには本社で外国人を採用し，活用することが重要になるが，その具体的な方法として，主に①本社での外国人従業員の採用と活用，②逆出向制度，③本社での外国人の役員への登用がある。これまでの日本企業では，そのいずれにおいても，その絶対数が少なかった。これもまた，日本企業の国際人的資源管理における特徴であると同時に，問題点でもあった。

しかし，外国人材を採用し活用すれば，多くのメリットがある。まず，企業は外国人の発想や考え方を理解できたり，新しいアイデアの発生を期待できる。次に，本社が多様な文化を有するようになり，職場の活性化が期待できる。さらに外国人役員の登用は，その人物の出身地のビジネス情報や知識の入手，現地の政府機関や企業などとの関係構築，より広い視点からの意思決定，外国人従業員への出世や仕事に対する動機づけなども期待できる。

確かに，本社での外国人従業員の採用と活用については，ここ数年「グローバル採用」と銘打って，主に日本に滞在している留学生を対象にして，その採用数を増やす企業が多く出てきている。また逆出向制度についても，かつてはソニー，日本電気，日産自動車，富士通など，一部の企業でしかみられなかったが，最近ではかなりの企業が導入するようになっている。さらに外国人役員の登用についても，まだまだその数は1-2名程度で，十数名の国籍の異なる役員を有するネスレやロイヤル・ダッチ・シェルなどの欧米の多国籍企業に遠く及ばないが，少しずつ増えてきている。周知のように，ソニー，日産自動車，武田薬品，日本板硝子など，外国人社長を迎え，会社の再建やいっそうの発展

を期した企業もある。

　もちろん，本社での外国人の採用と活用は，その思考，行動様式，言語，習慣などの違いから，日本人従業員との間でコンフリクトを発生させるケースも少なからずあり，それゆえに人事管理上の課題も多い。とりわけ，外国人が役員に就任すると，取締役会など重要な会議で使用する言語を何にするか，というきわめて現実的な問題も直ちに浮上する。だからこそ，楽天，ファーストリテイリングなど先進的な企業は社内の公用語を英語にしたのである。

## グローバル人事制度の構築へ

　数年前までの日本企業における人材の国際移動は，本社から海外子会社への日本からの派遣社員の一方通行であった。また日本の本社で働く従業員も日本人のみであった。しかし，いまではその数はまだ少ないとはいえ，海外子会社から本社へ，また海外子会社から海外子会社への人材の移動がみられるし，本社で働く外国人も増えてきている[9]。日本企業の職場も少しずつではあるが，さまざまな国籍，民族，言語，文化を持った人々から成るようになってきている。こうしていま，日本企業でもダイバーシティ・マネジメントが導入されつつある。

　異質な文化的背景を持ち，多様な才能を有する人材が集まり，相互交流し学習すれば，異文化シナジーによって新しいものが創造される可能性がある。たとえば，14世紀から15世紀にかけて，フィレンツェで花開いたルネサンスは，その典型的な例といえる。当時，フィレンツェには世界中から彫刻家，画家，詩人，哲学者，科学者，建築家などが集まった。彼らはそこで出会って，それぞれの文化や学問の障壁を取り払って交流し，お互いに学び合った。その結果，芸術，学問，ビジネスなど，いろいろな分野でイノベーションが起こり，次々と新しいものが誕生した[10]。

　多国籍企業やグローバル企業についても，これと同じことが起きるといえるのではないか。しかし，企業に世界各地から多様な人材が集まり，働くようになれば，そのような人々が納得し評価するような人事制度が不可欠になる。すなわち，世界の多くの人々に通用するような採用，育成，評価，処遇を考えた人事制度の構築が求められるのである。ここにいま，日本企業においても，グ

ローバル人事制度の構築が大きな課題となっている。

　しかし現在のところ，日本企業でグローバル人事制度を構築している企業は
まだ少ない。圧倒的な数の日本企業は，いまだ日本人だけを対象にした旧態依
然の人事制度を保持している。だからこそ，日本企業は外国人から，冒頭でも
紹介したような厳しい批判を受けるのである。

　周知のように，欧米の多国籍企業やグローバル企業は，一般に能力主義ベー
スの人事制度を採用している。それゆえ，そこでは従業員各人の職務内容，権
限と責任が明確で，その評価も各人の業績に応じ，賃金や昇進もそれによって
決定する。これに対して，日本企業の多くでは，いまだ従業員各人の職務内容，
権限と責任は明確でなく，その結果人事評価も業績というよりむしろ年功に基
づくケースが多い。近年，能力主義的人事制度を導入し，年功主義的人事制度
から脱却しようとする企業が増えてきているが，まだまだその数は多くないの
が実情である。ましてや，世界共通のグローバル人事制度を構築しつつある日
本企業にいたっては，日立製作所，住友電工，日産自動車など，一握りでしか
ない。

　日本企業が，今後も旧来のいわゆる「日本的な人事制度」を維持していくな
らば，世界から有能な人材を集めることはできないだろう。いま世界のグロー
バル企業は世界の有能な人材の獲得競争の真っただ中にある。日本企業は世界
の多くの人々に尊敬される理念やビジョンを核にしつつ，世界共通の軸で従業
員の職務や権限と責任の決定，評価や処遇を考える必要がある。そのようなグ
ローバル人事制度を持った企業こそが，多様性とイノベーションを生み出す組
織となり，これからの熾烈なグローバル競争のなかでも，生き残り成長を続け
ていけるのではないか。

## 3　本書の概説

　さて本書は，販売や生産のグローバル化に比べて，大きく遅れているといわ
れる日本企業の国際人的資源管理の現状，動向および課題について，ケースス
タディの方法によって明らかにしようとしたものである。すなわち，日本企業
が国際化やグローバル化の戦略を展開するプロセスで，どのような人材を採

用・育成するとともに，それに対する人事制度を構築し，さらにどのような課題に直面しているかについて研究しようとしたものである。

前述のように，日本企業の国際人的資源管理の課題は，大別して新しい国際人材の育成と国際人事制度の構築がある。前者には日本の海外派遣社員の育成，現地人マネジャーの育成と登用，さらに外国人の採用と登用の問題があり，後者には世界共通のグローバル人事制度の構築という課題がある。これらは「グローバル戦略」，「現地化」，さらには「内なる国際化」という，日本企業のグローバル化にとって最重要の経営課題と密接に関連している。それゆえ，本書では図表1-1に示すように，このような視点と問題意識に基づいて研究が行われている。

本書においてケーススタディの対象とした日本企業は，早くからグローバル化を推進していたり，またそれに積極的に挑戦している企業である。日本においては，製造業の企業は早くから国際展開し，グローバル化の道を歩んでいる一方，近年ではサービス業の企業も国際展開を加速化させている。それゆえ，本書では早くから国際展開してきている製造業の企業だけでなく，サービス業の企業をも対象にした。しかもそれらの企業を選定する際には，先進的またはユニークな国際人的資源管理の実践に取り組んでいる企業を念頭に置いた。

本書の研究方法としては，ケーススタディであるがゆえに，各企業へのインタビュー調査をベースにしている。その際には，もちろん各企業について研究した既存の文献，その他の資料なども参考にした。各企業のインタビュー調査

**図表 1-1** 国際人的資源管理の概念的フレームワーク

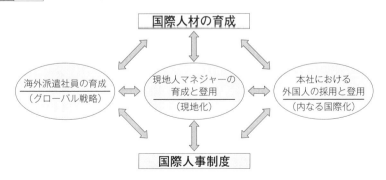

は日本国内の本社や海外の子会社で実施した。場合によって，複数回のインタビュー調査を実施した会社もある。

このような研究を通じて，日本企業の国際人的資源管理の現状，動向および課題を明らかにしようとしたのである。そこで，ここで簡単に本書の概要について紹介しておきたい。

第2章から第4章は，企業のグローバル戦略の展開との関連で，そのグローバル化のプロセスで，どのような人材を育成・登用し，どのような人事制度を構築してきたかについて議論している。ブリヂストンのケース（第2章）では，同社の国際化とグローバル化の歴史を概観し，その進展度に応じて求められた職種，職位，人材がどのように変遷してきたかを明らかにする。そのうえで同社のガバナンス体制を踏まえつつ，将来のグローバル企業像を紹介する。

YKKのケース（第3章）では，同社の海外展開の基本方針やグローバル体制を支える人事の理念・ビジョンを紹介した後，人事制度や人材育成制度を説明する。さらに，それらの根底にあるYKK精神と経営理念を概説しつつ，今後の国際人的資源管理上の諸課題について検討する。日立製作所のケース（第4章）では，激変する経営環境のなか，大胆な経営改革に着手し，それに伴って取り組んだ人財マネジメントに焦点をあて，その特徴的な人財部門の改革やタレントマネジメントについて紹介し検討する。

第5章と第6章は，企業の現地化戦略に焦点をあて，日本からの海外派遣社員が現地の顧客にどのように受け入れられたか，またどのようにして現地市場を開拓したかについて論述している。資生堂のケース（第5章）では，日本発のビューティグローバルカンパニーを目指す同社の改革，海外事業展開の歴史，現地化戦略と女性派遣社員（ビューティーコンサルタント）の活躍，さらに現在進行中の人材育成について紹介している。パナソニックのケース（第6章）では，同社の全社的グループ再編に伴う海外事業の位置づけ，海外事業の略歴などを述べた後，新興国のインド市場の開拓に挑戦した2人の海外派遣社員を取り上げて，その役割の変化や海外子会社への権限移譲のあり方などを議論・検討している。

第7章は，日本企業の内なる国際化の問題に着目し，外国籍人材の採用，育成，登用，さらにはそれに伴う本社のダイバーシティの問題を議論する。ナブ

テスコのケース（第7章）では，同社の海外展開とその基本方針を説明した後，外国籍人材の新卒採用，研修，配置，評価，報酬など，そのマネジメントにかかわる諸課題を議論し，最後に彼女や彼らが同社にもたらしたもの，および今後の課題について検討する。

第8章と第9章は，サービス産業の企業における国際人的資源管理を扱う。日本ではサービス産業の企業の国際化が近年非常に活発化し，それに付随して世界的にも評価の高い，いわゆる「日本的サービス」の海外移転にも関心が集まっている。このため，その日本的サービスを企業の競争優位につなげようとする企業も少なくない。ヤマト運輸のケース（第8章）では，同社のイノベーションの歴史を概説したうえで，近年の海外展開，とりわけアジア市場開拓に向けた取り組み，および海外で宅配便事業を展開するうえでキーとなる日本的サービスの移転に伴う諸課題を議論する。その際にポイントとなるのが現地人材の教育・育成であるので，その現状や諸課題についても検討する。最後の加賀屋のケース（第9章）では，同社の歴史と事業を紹介したうえで，台湾への事業展開の経緯や準備，さらには現地における顧客の接客に際しての「おもてなし」など，日本的サービスの移転，それを実践する現地人材の育成にかかわる諸課題について議論する。

終章は，以上のケーススタディから得られた日本企業のグローバル人的資源管理の展開への新しい動きについて要約し，その今後の展開に向けての若干の課題を提示する。

▶注 ─────────

1　OKY（オーケーワイ）は，O（おまえ），K（来て），Y（やってみろ）の略である。

2　桑名［2009］参照。

3　バートレット（C.A.Bartlett）とゴーシャル（S.Ghoshal）［1992］は，トランスナショナル企業のマネジャーをビジネス・マネジャー，カントリー・マネジャー，ファンクショナル・マネジャー，コーポレート・マネジャーに区分している。

4　笠原［2014］，第1章参照。

5　日本企業の国際人的資源管理の研究については，大木清弘［2013］に詳細に紹介・議論されている。

6　白木［2014］，305頁。

7　吉原［1989］参照。

8　吉原［1996］，19頁。

9　石田［1985］は，このような人材の国際移動に関して，従来のパターンを「ホイール型」，将来のパターンを「ネットワーク型」と称して，日本企業は前者から後者へ移行してきていると述べている。

10　ヨハンソン（F. Johansson）［2004］参照。


▶▶参考文献─────────

石田英夫［1985］『日本企業の国際人事管理』日本労働協会。

桑名義晴［2009］「第12章　日本の多国籍企業の経営者論」日本経営教育学会編『講座/経営教育2　経営者論』中央経済社。

大木清弘［2013］「1　国際人的資源管理論における日本企業批判」組織学会編『組織論レビュー』白桃書房。

笠原民子［2014］『日本企業のグローバル人的資源管理』白桃書房。

白木三秀［2014］「終章　グローバル・マネジメントの開発と活用の方向性」白木三秀編著『グローバル・マネジャーの育成と評価』早稲田大学出版部。

白木三秀［2006］『国際人的資源管理の比較分析』有斐閣。

吉田寿［2012］『世界で戦うためのグローバル人材マネジメント入門』日本実業出版社。

吉原英樹［1996］『未熟な国際経営』白桃書房。

吉原英樹［1989］『現地人社長と内なる国際化』東洋経済社。

Bartlett, C.A. & S. Ghoshal［1992］"What is a Global Manager ?"*Harvard Business Review*, September-October, pp.101-108.（石川高明訳「グローバル・マネジャーの条件」『Diamondハーバード・ビジネス・レビュー』1993年1月-2月号，38-47頁）。

Johansson, F.［2004］*The Medici Effect*, Harvard Business School Press.（幾島幸子訳『メディチ・インパクト』ランダムハウス講談社，2005年）。

# 第2章 ブリヂストン
## ——グローバル経営の長い道のりと到達点

| 【会社概要】 | |
|---|---|
| 名　　称 | 株式会社ブリヂストン |
| 設　　立 | 1931年3月1日 |
| 資　本　金 | 1,263億円（2018年12月末日現在） |
| 従　業　員 | 単体：14,075人，連結：143,509人（同上） |
| 売　上　高 | 3兆6,501億円（2018年12月期） |
| 当期純利益 | 2,916億円（同上） |
| 主 力 製 品 | タイヤ，多角化事業（化工品，スポーツ用品，自転車） |

　ブリヂストンは世界最大のタイヤメーカーである。同社の設立は1931年で，設立の翌年には輸出を開始し，戦前に複数の海外生産拠点を保有していた。今日の用語でいえば「戦前のボーングローバル[1]」である。1980年段階の同社の世界シェアは7.5％[2]で，利益率は高かったものの，世界のなかでは中堅に位置した。その後，1988年の米国ファイアストン社の買収を経て，2015年のシェアは15.0％[3]で世界第1位，ミシュランとともに世界のタイヤ産業をリードする存在になった。長期間にわたって漸進的に国際化を進めてきたのである。

　本章の目的は，真のグローバルを目指すブリヂストンの人的資源管理の経営史をたどり，グローバル経営の本質は何かについて考察することにある。ブリヂストンの経営史は創業以来の国際化の歴史である。創業から90年近い同社の国際化とグローバル化[4]の長い道のりを概観しつつ，それぞれの時期の人的資源管理の主要な対象となった職種と職位の変遷について考える。グローバル経営の進度に対応して求められる人材がどのように進化したのかが明らかになる。そのうえで，現在のガバナンス体制，取締役，執行役，執行役員の構成を踏まえ，同社の考えるグローバル企業とは何かについて議論する。最後にグローバル企業の「国籍」の意味と競争力の連関について論及する。

## 1 最終目標と経営スタンス[5]

　ブリヂストンが経営の最終目標として設定しているのが「真のグローバル企業」と「業界において全てに断トツ[6]」である（図表2-1）。同社の売上の8割以上は本国外であり，一般論としてはグローバル企業の代表のようでもある。しかし，ブリヂストンの考えるグローバル企業は単なる数値に留まらない。経営理念や方針，それに経営戦略がグループとして一貫性があり，整合的であること（グローバル）が前提となるが，それは必要条件の1つに過ぎない。もう1つの必要条件は，地域あるいは個別の事業がそれぞれの現場で運営されるため，主要子会社が経営的に自立していること（ローカル）である。そして，グローバルとローカルのバランスが取れることでようやく十分条件を満たすことになり，それがブリヂストンの考える「真のグローバル企業」である。「グ

図表 2-1　ブリヂストンの経営スタンス

| 経営の最終目標 | 真のグローバル企業<br>業界においてすべてに「断トツ」 |
| --- | --- |
| 基本軸 | 企業理念<br>安全宣言，品質宣言，環境宣言<br>グローバルCSR体系 "Our Way to Serve" |
| 基本姿勢 | Lean & Strategic（L&S）<br>Group Global 最適（GG最適） |
| 改革ツール | SBU組織体制<br>中期経営計画 |
| 重点課題 | グローバル企業文化の育成<br>グローバル経営人材の育成<br>グローバル経営体制の整備 |

コミュニケーション，チームワーク，ボトムアップ

出所：ブリヂストン［2016］。

ローカル」という語が象徴するように，グローバル化すべきこと，ローカルに任せるべきことを明確化し，ときどきに最適なバランスを図るという意味なのである。

　ブリヂストンは売上高がゴム業界世界1位で，タイヤの市場シェアも世界1位である。しかし，同社が目標とする「断トツ」というのは単に数値や順位に留まらない。タイヤ事業についても，異なる製品セグメントのすべての市場でトップ，さらに人材育成，給与，株価などのあらゆる面で断トツの首位を目指すというものである。経営にはバランスが必要で，たとえば市場シェアなど1点のみ突出していてもだめで，良い会社というのはすべての面で優れていなければならない。それが，同社の目指す断トツである。

　そして，経営の最終目標を達成するための基本軸の1つが企業理念である。2つは企業理念の体系としてのスタンスを明確にしている。3つはグローバルCSR体系で，イノベーションと先進技術を通じた社会貢献である。基本軸に加え，2つの基本姿勢が強調されている。1つがLean & Strategic（L&S）で，短期的には無駄のない効率的な経営を目指し，中長期的には戦略的視点を明確にして，短期と中長期のバランスの取れた経営を志向する。2つはグループ・グローバル最適を最優先し，部分最適ではなく全体最適を図るということである。

　ブリヂストンは，最終目標達成のために2つの経営改革ツールを挙げている。1つがSBU（戦略的事業ユニット）組織体制である。各ビジネスユニットがプロフィットセンターとして，事業責任を負うというものである。2つは中期経営計画であり，5年先を目途に毎年見直しを行う。経営者があるべき姿を描き，現状とのギャップを認識し，それを埋めるべく社内で議論を尽くし，最適な施策を実行する。そのためのツールとして，中期経営計画を位置づけている。

　そして，現在，重要課題として取り組んでいるのが次の3点である[7]。1つがグローバル企業文化の育成である。グループでの全体整合性を確保し，ブランド戦略を継続するとともに，イノベーションを通じて顧客価値を創造することで，競争優位を確保する。2つがグローバル経営人材の育成である。グローバル・リーダー創出に向けたプログラムやグループ・グローバル会議での英語公用語化など，多様な人材が活躍しやすい環境と体制を整備するということで

ある。3つはグローバル経営体制の整備である。ガバナンス体制の整備と多角化事業の拡充を中心に据えている。

　これらがブリヂストンの経営スタンスであり，経営戦略である。そして，経営戦略を推進するための組織体制が，本社機能とプロフィットセンターとしてのSBUの分離である。

　グローバル本社（GHO：Global Head Office）の役割は，グループ全体をまとめ，グローバルの全体戦略と基本方針を策定し，その遂行に責任を負う。経営企画，広報など少人数の本社スタッフによって構成される。経営企画は経営執行会議の事務局を務める。なかでも，グループの業務執行に関する最高意思決定機関がGlobal Executive Committee（Global EXCO）である。2017年4月1日現在のメンバーはCEOとCOOを含め，全体で14人となっている[8]。うち半数は，米州，欧州，アジアの主要子会社の経営者でもある外国人である。国籍でいえば，日本人と外国人半数ずつの構成となっている。

　プロフィットセンターとなるSBUは全体で6つ，2種類に分けられる。1つは地域SBUで，日本タイヤ事業SBU，米州事業SBU，アジア中国大洋州タイヤ事業SBU，欧州中近東アフリカロシアSBUである。もう1つが事業SBUで，特殊タイヤ事業SBUと多角化事業SBUである。米州事業SBUの事業規模は約1兆5,000億円であり，その他のSBUもそれぞれ売上高が5,000億円規模となる（SBU間の重複を含む）。

　そして，GHOの全体戦略と基本方針に従って，SBUへのサポート，サービス，それに適切な環境を提供するために設置されたのがGlobal Management Platform（GMP）である。本社に約1,000人，技術センターに約3,000人配置され，人事，財務，情報技術（IT），技術開発，生産・物流管理などに従事している。GHOとGMPがコストセンターとして，SBUの事業を支援する本社機能である。

## 2　国際人的資源管理の諸制度[9]

　ブリヂストンはグループ全体として，人材を最適活用するという人事方針を掲げ，将来のグループ経営を担う人材の選抜と育成を中長期的視点で実施して

いる。グループ経営において重要な役割を担う約250のポストをグループ・キーポジション（GKP）として，本社（実際はGMPのグローバル人事部門）で管理することにした。SBUの事業部長レベル，工場などの事業所長ポストなど，執行役員一歩手前の人材が就くポストが中心である。後述の経営幹部育成コース（GDC）の修了者が経験を積むためのポストでもある。なお，外部からリクルートした人材がそのままGKPに就くこともある。GKPを占めるのは将来の経営者候補であり，グローバル人材である。グローバル人材は「理念などグループ全世界で共有すべきバックボーンを理解して，これを各国ごとにカスタマイズできる人[10]」と定義されている。GKPポストの業績評価をグローバルに共通化するとともに，人事・処遇制度および教育・訓練プログラムについてもグループとしての整合性を高める方向で整備が進められている。

　経営人材育成のためのプログラムが，2004年にスタートしたグローバル・ディベロップメント・クラス（GDC）であり，主に40代のGKPポジション就任が期待される社員が対象となる[11]。2年間の同プログラムは，毎回（2年に1回），日本人と外国人ほぼ半数ずつの計15人から20人の選抜された社員が対象となる。まずは，上司，同僚，部下そして自身による360度評価を実施し，その結果に基づき，個人別の育成計画が作成される。育成計画に基づいて，OJTにより能力開発するとともに，年間3回の集合訓練を受ける。集合訓練では，経営理念に関するワークショップに参加し，経営方針を確認し，創業以来の同社の歩みを学ぶ。また，創業の地である福岡県久留米を訪問し，経営理念の基礎となった創業者の思想と経営を理解する。また，CEOをはじめとする経営トップとの対話や会社経営のシミュレーション研修なども組み込まれている。プログラム終了後も，経営経験を積むために，困難なポジションに就いて，実績を上げることができるよう，3年に1回の業績評価を実施し，各人の特性に応じて配属する。5年で本部長や工場長，10年で執行役員以上の役職に就くことのできるグローバル経営人材育成のためのプログラムであり，制度である。これまでの修了者は約150人，このなかの10人ほど（外国人を含む）はすでに執行役員になっている。

　2014年にスタートしたのが，グローバル・ディベロップメント・ネットワーク（GDN）[12]で，30代前半の若手優秀層向けの育成プログラムである。グルー

プ内で選抜された社員約20人をメンバーとする２年間のプログラムである（２年に１回のクラス編成）。第１期（2014-15年）は日本人と外国人社員ほぼ半々の19人で，研修を通じてグローバル・ネットワークを構築することを目的としている。むろん，単なるネットワーク作りが目的ではなく，将来のGDC候補の育成に主眼がある。集合研修は年２回，日本で行わる。能力開発のため，プロジェクトワークに従事し，２年目にはトップ経営者向けの発表会が行われる。このほかにも，他の産業や他社に関する調査，新興国の市場環境やビジネスの実態を学ぶための視察も含まれている。トップ経営者との対話の機会は設けられていないようであるが，若手優秀層を選抜し，経営者候補として育成するためのプログラムがスタートしたのである。

　海外生産比率が７割を超えるブリヂストンの課題の１つは，本国で育んできた高いレベルのモノづくりを海外工場でも同様に実践することである。2007年に開設されたグローバル・モノづくり教育センター（Global Manufacturing Education Center：G-MEC）[13]の目的は，ブリヂストン流モノづくりを実践できる人材の育成である。世界の生産拠点で「良いモノを標準通りつくり，標準通り流す」ことができるよう，各地で自律性の高い生産体制を構築する必要がある。そのための生産現場のリーダーになるべき人材をマスターとして育成している。2016年末現在，製造マネジメント，標準技能インストラクター，保全マネジメントの３つの職種で，世界に約200人のマスターがいて，モノづくり強化で中心的な役割を果たしている（図表２-２）。

　ブリヂストン本社では，若年層の視野拡大や能力形成を目的に，海外事業所

**図表 2-2** 地域別マスター人数（2016年12月末現在）

|  | 日本 | 米州 | 欧州中東 | 中国 | アジア | 合計 |
|---|---|---|---|---|---|---|
| 製造マネジメント | 23 | 3 | 5 | 13 | 17 | 61 |
| 標準技能インストラクター | 20 | 0 | 15 | 14 | 15 | 64 |
| 保全マネジメント | 22 | 3 | 11 | 12 | 20 | 68 |
| 合計 | 65 | 6 | 31 | 39 | 52 | 193 |

出所：ブリヂストン［2017b］。

で2年間，業務研修を行うトレーニー制度[14]を設けている。同時に技術系社員を主な対象とする海外の大学院への留学制度もある。毎年，20人から25人程度を派遣しており，常時50人弱が派遣されていることになる。派遣者をさらに拡大し，常時60人以上の若手社員を派遣できるようにしたいというのが同社の方針である。また，海外子会社にも同様の若手社員を対象とするグローバルトレーニー制度がある。2016年末の時点で，タイ，インド，トルコからの4人の社員が日本とドイツで，トレーニーとして業務に従事している。

　ブリヂストン本社では，管理職を対象とする「事業体経営のできる人材の育成」，管理職候補を対象とする「マネジメント人材の早期育成」，それに新卒社員，キャリア採用社員向けの研修など階層別研修が主で，特定の人材を選抜して行う研修は制度化されていなかった。しかし，これまでみてきた通り，グローバル経営を前提に，優秀層の選抜と特別プログラムの訓練，個別のキャリアプラン作成など，国籍や出自にかかわりなく，少数精鋭の人的資源管理にも力を入れるようになった。グローバル経営の進展を受けた施策である。

# 3　グローバル化の長い道のりと人的資源管理

　ブリヂストンのグローバル化は，日本企業のなかでも特筆すべき，長く苦難に満ちた道のりであった。この節では，同社の歴史を少し詳しく検討しながら，そのときどきでどのような人材が求められ，どのような人的資源管理が行われてきたのかを考察する。図表2-3は本節の要約である。

### 戦前・戦後の海外事業[15]：戦前のボーングローバル

　「ブリッヂストンタイヤ株式会社[16]」は，石橋正二郎創業者によって，1931年に福岡県久留米の地に設立された。当時，自動車タイヤは海外からの輸入品か，欧米企業による国内生産品であった。同社の創業は国産技術の開発によって，高価なタイヤの輸入拡大を防止するとともに，海外への製品輸出を進めることが目的であった。社名と商標名を「ブリッヂストン」とし，創業者の姓を英語表記したのも海外市場での販売を見据えてのことであった。天然ゴムをはじめタイヤ生産に必要な原材料の多くは輸入に頼らざるをえない。外貨事情の

**図表 2-3** 国際人的資源管理の重点の推移

| 求められる人材 | 国籍 | 戦前期 | 戦後期 | | | | |
|---|---|---|---|---|---|---|---|
| | | | 1960年代まで | 1970年代 | 1980年代 | 1990年代 | 2000年以降 |
| 全社経営関与の経営人材 | 日本人・外国人 | | | | | | ◎ |
| 大規模会社経営人材・派遣スタッフ | 日本人 | | | | | ◎ | ○ |
| 事業会社経営人材・派遣スタッフ | 日本人 | | | ○ | ◎ | ○ | |
| 販社経営人材・派遣スタッフ | 日本人 | | | ○ | ○ | ○ | |
| 海外営業社員 | 日本人 | ◎ | ◎ | ○ | | | |

注1：○は重点となる人材，◎は最重点となる人材。
注2：戦前期から戦後初期の輸出中心の時代は，英語が得意な海外営業社員による国際化の時代。
注3：1970年代も輸出が中心であるが，販売会社やアジアの事業会社が開設された。ただし，経営者とスタッフは海外営業出身者が中心。
注4：1980年代は米国で買収した事業会社の再建が重要課題となり，海外事業会社の経営を担う人材の必要性が意識されるようになった。また，海外事業会社への派遣スタッフは外国語が堪能な海外部門出身者だけでなく，各職能の優秀人材が派遣されるようになった。
注5：1990年代は買収した大規模会社の経営人材の充実が求められるようになった。ただし，全社的に管理する対象は日本人に限られた。
注6：2000年以降は，国籍不問で次世代の経営人材の育成を計画的に実施する必要性に迫られるようになった。
出所：筆者作成。

厳しい当時の日本では，輸入代替によって外貨の流出を抑えることと，製品輸出によって外貨を稼ぐことは国益に適うことであった。ブリヂストンが設立当初から海外市場を意識した背景にはこうした事情があった。

　会社設立の翌年には早くも輸出を開始した。1932年以降，東アジア・東南アジア・南アジア各地，オーストラリア，ブラジルに社員を派遣し，市場調査を行うとともに，輸出業務に力を入れた（図表2-3）。また，1936年の中国・青島を皮切りに，中国本土（旧満州を含む），朝鮮半島，台湾にタイヤ工場と合成ゴム・天然ゴム工場を複数操業[17]していた（図表2-4）。インドネシアは日本軍の占領に伴い，陸軍から経営を委任された。戦前の海外での生産活動については，資料があまり残っておらず，詳しいことはわからない。ただ，会社設立直後の戦前期，同社が海外への製品輸出に力を入れ，海外生産も行っていた

**図表 2-4** 戦前の海外生産

| 年度 | 国名 | 都市名 | 製品 | 特記事項 |
|------|------|--------|------|----------|
| 1936年 | 中国 | 青島 | タイヤ | |
| 1939年 | 満洲 | 吉林 | 合成ゴム | |
| 1940年 | 満洲 | 遼陽 | タイヤ | |
| 1940年 | 中国 | 海南島 | 天然ゴム | |
| 1941年 | 朝鮮 | 京城 | タイヤ | |
| 1941年 | 台湾 | 台北 | タイヤ | |
| 1942年 | インドネシア | ジャワ | タイヤ | 委任経営 |
| 1943年 | 中国 | 上海 | タイヤ | |
| 1943年 | インドネシア | スラバヤ | タイヤ | 委任経営 |

出所：ブリヂストンタイヤ株式会社［1982］。

という点に注目したい。まさに「戦前のボーングローバル」である。

　戦後の製品輸出の再開も早く，1948年に始まった。翌年には，海外部を設置し，東アジアと東南アジアに海外出張員を派遣している。1953年には中近東にも出張員を派遣するようになった。天然ゴムやカーボンブラック等の輸入原料はタイヤ価格の約25％に相当する。創業理念の1つであった「輸入原料代金を輸出で相殺」するには，タイヤ売上高の4分の1を輸出しなければならない。1957年の輸出額は37億円余り（うち，アジアが58％，中近東が26％）で，タイヤ売上高の22％となり目標に近づいた。1958年からは欧米へ出張員を派遣し，欧米市場への輸出も視野に入ってきた。1950年代後半から1960年代にかけては，海外営業の拠点となる駐在員事務所が各地に設置された。この間，1953年には売上高が100億円を超え，ようやく国内タイヤ業界の首位に躍り出ることになった。

　戦前から戦後にかけての，すなわち創業から25周年（1956年）頃までのブリヂストンの海外事業は，これまでみてきたように，輸出振興に主眼があった。その中心を担う社員は，外国語が堪能で，海外での営業活動に耐えることのできるタフな人材であった。人材育成というよりは，業務をこなすことのできる人材を外部から採用したり，海外部員として経験を積ませたりしたうえでの派遣であった[18]。

## 本格化する事業の国際化

1960年代後半から1970年代にかけては，海外の主要市場に販売・生産子会社が設立されるようになる。1965年のスイス，そして1967年にはロスアンゼルス郊外に販売会社が設立された。1960年代後半からは，シンガポール，タイ，イラン，インドネシアに工場が建設され，海外生産が始まった。1980年代に入ると，台湾では現地メーカーへの資本参加・子会社化を経て現地生産が始まった。オーストラリアでも，米国メーカーから事業買収することで，現地生産が始まった。欧米の大企業から既存の子会社を買収し，経営の立て直しを図る初めてのケースとなった。

米国での現地生産は，1983年にファイアストンから買収したテネシー州のトラックタイヤ工場で始まった。「社運をかけて」の掛け声のもと，米国市場への本格的な参入が始まった。当時の服部邦雄社長は「この工場をうまく運営していけるか否かが，今後当社が世界の舞台で生き残れるかどうかの大きな試金石となる」と発言した。1980年段階のブリヂストンの売上高は5,000億円強，世界のタイヤ市場のシェアは4位ではあるものの，7.5％に過ぎなかった[19]。1位はミシュランの22.1％，2位がグッドイヤーの19％，3位はファイアストンの10.8％であった。世界のビッグスリー入りを目指す同社にとって，米国事業の拡大と成功は欠かすことのできない要件であった。

1970年代から1980年代にかけてのブリヂストンの海外事業は，まずは海外販売の拡大のために主要市場に販売子会社を設立するところから始まった。そして，輸入関税の引き上げなどによって現地生産が必要になったアジア市場での生産子会社の開設が続いた。そして，1980年代に入ると，世界最大の市場である米国での現地生産が始まった。この時期になると，海外事業を担う人材は，戦前期・戦後期の海外営業社員だけではなく，販売子会社の経営者，財務経理の責任者，そして販売部門の責任者として現地営業マンを統括することのできる人材が求められるようになる（図表2-3）。生産子会社についても，製造技術，調達などの主要部門の責任者となる人材が必要であった。ただ，海外子会社の経営者と主要ポジションは本社派遣の日本人社員に限られ，多くは海外部門出身者であった。海外事業に力を入れてきた会社ではあったものの，海外事業を担うことのできる人材はそれほど豊富ではなかった。本社の人事部門にお

いても，海外事業を推進するための人材育成という視点は乏しく，それは海外部門内の課題に過ぎなかった。

## グローバル「断トツ」を目指して

　ブリヂストンのグローバル化に向けたマイルストーンは，1988年のファイアストン買収であった。ファイアストンは長く世界2位の地位にあった老舗企業であるが，ラジアル化の技術革新に乗り遅れ，この頃は製造業からサービス業への転換を図る会社であった。ブリヂストンは，規模は小さいながらも，世界を目指し技術を磨く新興企業であり，両社は好対照であった。工場所在をみても，ブリヂストンはアジア中心であったが，ファイアストンは米州（中南米を含む）と欧州に工場を保有しており，生産拠点が一挙に全世界に広がった。また，ファイアストンは北米に約1,500店舗の自動車サービス・部品小売網，ライベリアの天然ゴム園，そしてブリヂストンが手掛けていなかった多角化事業もいくつか保有していた。

　ただし，よく知られているように，買収直後の1990年前後は米国を中心に世界的にみれば景気後退期に入っており，ファイアストンの業績は急降下した。ブリヂストンは当初，ファイアストンの事業を十分に掌握できなかったし，予想以上に製品品質と生産性は低かった。ファイアストンの負の遺産は大きく，それらの克服には手間取った。そして1990年代後半になると，北米事業はようやく好転し自立できるかにみえた。しかし，その後もファイアストンブランドタイヤの1,440万本の自主回収，ITバブル崩壊，リーマンショックなどの逆境に見舞われ，それらを何とか克服し今日に至る。いまでは米州の売上は全社の約5割を占める稼ぎ頭になった。このように書くと，グローバル企業としてのブリヂストンは，ファイアストン買収と米州事業の立て直しによって説明できると思われるかもしれない。しかし，次の2点も忘れてはならないし，これらの相乗効果によるものであることに留意が必要である。

　1つは，新興市場への拡大である。それまでも国際マーケティングの一環で，世界のほぼすべての市場をカバーし，販売活動を展開してきた。しかし，1990年代半ば以降は，成長が見込まれる新興市場に生産拠点を確保し，生産能力を拡大しなければならなくなった。1992年のトルコ，1995年のインド，1996年の

南アフリカ，1998年のポーランド，1999年の中国などである。その後も，中国，インドなどの主要市場では複数の工場を設置し，近地生産・近地販売によって，販売増とシェア拡大が実現した。

2つは，垂直統合の強化である。グローバル規模で生産量が急拡大するなか，原材料の安定的な調達が必要になった。原材料の研究開発体制を強化するとともに，自社調達能力を高める必要が生じた。タイヤ用のスチールコードはもともとベルギー社との合弁であったが，1990年代半ば，完全子会社化し，その後本体に吸収合併した。合成ゴムの生産能力増強と並行し，ライバリアの天然ゴム園に加え，アジアでも天然ゴム農園を買収し，天然ゴム生産量を拡大した。このように，原材料の自社調達の比率を高め[20]，垂直統合を強化している。川下方向についても，2006年にはタイヤリトレッドのバンダグ社を10億5,000万ドルかけて買収する一方で，世界各地で自社小売網の拡大を図っている。生産財，消費財を問わず，製品販売で終わるのではなく，タイヤ使用にかかわるサービスを併せ提供することにより，他社との差別化を強化する戦略といえる。

ブリヂストンはタイヤ市場のシェア1位，世界最大のゴム会社である。自他ともにグローバル企業として認められているのは，国際化の長い歴史が基礎になっている。しかし，直接的にはファイアストンの買収と立て直し，それに新興市場での事業課題とタイヤ事業の垂直統合強化の結果と考えられる。

では，この時期に求められる人物像とはどのようなものか。1990年代に入ると，海外事業会社は米州あるいは欧州といった地域ごとに，販売，生産・調達のみならず，研究開発，財務，人事など，バリューチェーンのほぼすべてをカバーしなければならなくなった。海外事業会社は本社の単なる出先機関ではなく，自立して，事業を遂行しなければならなくなった。こうなると，海外に派遣される人材スペックも変わってくる（図表2-3）。まずは，地域本社の経営を担える人材である。ファイアストン買収後の混乱の一因は，ブリヂストンから派遣可能な経営者や上級スタッフが決定的に不足し，従前の経営体制を維持せざるをえず，事業の掌握に手間取ったからである。大規模事業会社の経営者となり得る日本人社員の裾野を拡大する必要が高まった。また，地域本社のスタッフについては，外国語が堪能なゼネラリストというよりは，各部門のスペシャリストで優秀な人材が多数必要になる。こうして，海外部門を含む，各部

門の優秀社員の海外派遣が拡大し，海外経験豊富な日本人社員が急増することになる[21]。ただし，20世紀末までは，本社の人的資源管理の対象となるのは，日本人社員に限定されていた。

この章では，ブリヂストンの国際化・グローバル化プロセスにおける人的資源について考察してきた。いわば，外に向かう事業活動を担う人材を中心とする議論であった。他方，本来であれば，グローバル経営の司令塔であり，それを支援する立場の本社内の国際化についてもセットで検討する必要がある。しかし，本章のテーマから少し外れることと紙幅の制約から簡潔に紹介するに留める。一部の大企業そして同社においても，1980年代後半になると，日本語が堪能な欧米著名大学卒業・大学院修了者を本社が採用し，日本で就業させる例が見られるようになった。また，ブリヂストンでは海外子会社の有望な外国人管理職を，本社に出向させ，本社の管理者として就業させる実験も行われた。しかし，これらの試みは，言語と文化が異なるだけでなく，就職と就社といった認識の違い，職位とキャリアの根本的な概念の相違などから，当初期待されたほど，短期間での本社の国際化には直結しなかった。この点は，1986年施行の男女雇用期間均等法から長い年月を経て，ようやく女性が活躍できる環境が整い始めたことと似ている。同社でも，女性管理職が誕生し，女性の執行役員が活躍するのに一定の時間を必要とした。包括的な優れた制度であればあるほど，制度的補完性の克服は短期間には難しいのである。ただし，こうした早期の施策が無駄だったわけではなく，その後につながる出発点であった点に留意が必要である。ブリヂストンにおける本社国際化の取り組みは，今世紀に入ると外国人留学生の採用や中途採用が本格化するとともに，第2節で紹介したトレーニー制度などによって，徐々にではあるが着実に進展しているのである。

そして，近年は，後述の通り，国籍と出自を問わず，海外事業会社の経営者が本社の役員に就任している。また，経営者予備軍の優秀層が本社の人的資源管理の対象となり，育成計画も立案されている。若手の優秀社員についても同様である。これはいずれも国籍を問わず，グループ・グローバルに実施されている。本社の人的資源管理の対象は，日本人のみならず，外国人経営者・優秀層に拡大したのである。そして，期待される役割も海外事業会社の経営に留まらず，将来的には本社の中枢を担うことが期待され，グループ全体最適の人的

資源管理が行われるようになった（図表2-3）。さらに，国内事業を含むプロフィットセンターからの本社機能の分離によって，理論的にはグローバル本社の管理職とスタッフに国籍は問われないことになったのである。

## 4　グローバル化の到達点：ガバナンス体制

　ブリヂストンは，2016年に監査役設置会社から指名委員会等設置会社に移行した[22]。2015年施行の改正会社法で選択可能になった監査等委員会設置会社ではなく，経営の監視と執行を完全に分離する米国型のガバナンス形態を選択した[23]。現在，海外事業会社の多数の外国人経営者が，本社の執行役や執行役員を兼務している。日本企業のなかで，海外子会社の外国人経営者が本社役員を兼務するのも早いほうだった。

　外国人が初めて取締役に選任されたのは2001年のことであった[24]。米州の事業会社のトップに米国人が就き，本社取締役を兼務するようになった（図表

**図表 2-5　取締役・執行役員数の変遷（監査役設置会社時代）**

| | | 2001.12 | 2002.12 | 2003.12 | 2004.12 | 2005.12 | 2006.12 |
|---|---|---|---|---|---|---|---|
| 取締役 | 外国人 | 1 | 1 | 1 | 1 | 1 | 1 |
| | 合計 | 8 | 10 | 9 | 10 | 10 | 9 |
| 監査役 | 合計 | 4 | 5 | 5 | 5 | 6 | 6 |
| CEO（社長）/COO | 日本人 | 1 | 1 | 1 | 1 | 1 | 1 |
| 副社長 | 外国人 | 0 | 0 | 0 | 0 | 0 | 0 |
| | 合計 | 3 | 4 | 3 | 0 | 0 | 0 |
| 専務執行役員 | 外国人 | 0 | 0 | 0 | 0 | 0 | 0 |
| | 合計 | 1 | 1 | 1 | 1 | 1 | 1 |
| 常務執行役員 | 外国人 | 0 | 0 | 0 | 0 | 0 | 0 |
| | 合計 | 11 | 8 | 9 | 9 | 7 | 6 |
| 執行役員 | 外国人 | 0 | 0 | 0 | 0 | 0 | 0 |
| | 合計 | 9 | 8 | 8 | 16 | 21 | 21 |
| 執行役員合計 | 外国人 | 0 | 0 | 0 | 0 | 0 | 0 |
| | 合計 | 25 | 22 | 22 | 27 | 30 | 29 |

注：2008年までの外国人取締役は，海外事業会社の経営者。2010年以降は日本在住の社外取締役。
出所：ブリヂストン「決算短信」各年版。

2-5）。2008年までは取締役のうち1人は米国人であったが，本社の執行役員を兼務する海外子会社の外国人経営者はいなかった。2010年以降は，監査役設置会社のままであったが，取締役会の機能を経営の監視に徐々に移行し，経営は代表取締役と執行役員に委ねる形になっていった。2010年以降も1人の外国人が社外取締役に名を連ねているが，日本在住の大学教授であり人的資源管理の対象ではない。他方，海外子会社の外国人経営者で執行役員を兼務する人数は，2010年の4人から徐々に増え，監査委員会等設置会社移行の直前の2016年1月段階では10人になった。執行役員59人中17%を占めるまでになった。

　2017年4月現在では，経営の監視役となる取締役は全体で11人，うち執行役を兼ねるのが2人，執行役を兼務しない社内取締役が2人，残りの7人は社外取締役である（図表2-6）。社外取締役にはコンサルタント出身者，研究者，弁護士，公認会計士などが就き，社外の経営者は含まれていない。一般に複数の事業を抱える会社では経営者および経営経験者を社外取締役として迎える場合が多い。それは，特定の事業内容に精通していることよりも，会社経営の専

| 2007.12 | 2008.12 | 2009.12 | 2010.12 | 2011.12 | 2012.12 | 2013.12 | 2014.12 | 2016.1 |
|---|---|---|---|---|---|---|---|---|
| 1 | 1 | 0 | 1 | 1 | 1 | 1 | 1 | 1 |
| 7 | 9 | 8 | 9 | 9 | 8 | 8 | 7 | 7 |
| 6 | 6 | 5 | 5 | 4 | 4 | 4 | 4 | 4 |
| 1 | 1 | 1 | 1 | 2 | 2 | 2 | 2 | 2 |
| 0 | 0 | 0 | 0 | 0 | 0 | 0 | 0 | 2 |
| 0 | 0 | 0 | 0 | 0 | 0 | 0 | 0 | 5 |
| 0 | 0 | 0 | 0 | 0 | 0 | 0 | 2 | 1 |
| 2 | 2 | 1 | 1 | 0 | 3 | 4 | 7 | 4 |
| 0 | 0 | 0 | 2 | 3 | 3 | 3 | 3 | 2 |
| 7 | 9 | 8 | 12 | 10 | 10 | 9 | 12 | 11 |
| 0 | 0 | 0 | 2 | 1 | 1 | 2 | 2 | 5 |
| 16 | 16 | 21 | 27 | 27 | 25 | 34 | 30 | 37 |
| 0 | 0 | 0 | 4 | 4 | 4 | 5 | 7 | 10 |
| 26 | 28 | 31 | 41 | 39 | 40 | 49 | 51 | 59 |

| 図表 2-6 | 指名委員会等設置会社移行後の役員構成（2017年4月現在） | |
|---|---|---|
| 取締役 | 社内 | 4 |
| | うち　執行役兼務 | 2 |
| | 社外 | 7 |
| | うち外国人 | 1 |
| | 合計 | 11 |
| 執行役 | うち外国人 | 2 |
| | 合計 | 8 |
| 執行役員 | うち外国人 | 10 |
| | 合計 | 47 |
| 執行役 執行役員合計 | うち外国人 | 12 |
| | 合計 | 55 |

出所：ブリヂストンウェブサイト「役員紹介」（https://www.bridgestone.co.jp/corporate/outline/index.html）。

門家としての知見に期待するからであろう。他方，特定の事業比率の高い会社は一般に主要事業に関する知識がより重要であるため，社外取締役に事業に関する助言を期待するというよりは，コーポレート・ガバナンスにかかわる役割に期待する面が強いと思われる。ブリヂストンの取締役会を構成する社外取締役には経営者と国外在住の外国人が含まれておらず，経営というよりは会社のあり方に対する関与に期待するものと思われる。

執行役にはCEOとCOOを含む日本人経営者5人に，欧州事業会社と米州事業会社の会長を兼務する外国人とアジア事業会社のCEO兼会長を務める外国人が含まれる。7人中2人の執行役は外国人となる。株主総会に出席した株主は「まるで日本の会社じゃないみたい」と感想を述べた[25]。執行役員は専務執行役員と常務執行役員を含め全体で47人，うち10人が海外事業会社の外国人経営者が兼務している。執行役と執行役員の合計では55人中12人，2割強が外国人で海外子会社の経営者ということになる。日本企業のなかで，外国人がこれだけ本社の経営者に名を連ねるというのはめずらしい。ただし，これらの外国人経営者は海外事業会社の役員であって，本社（GHO，GMP）に役職を得ているわけではない。このことは留意すべき点と思われる。

ブリヂストンは長い時間をかけて，国際化，グローバル化を推進してきた。21世紀に入り，人的資源管理の面でも国籍を問わず，経営者候補になる優秀層

に焦点をあてた施策を進めてきた。その到達点が執行役と執行役員に海外事業会社の外国人経営者が名を連ねる現状となる。また，指名委員会等設置会社を選択したのも，中間的形態ではなく経営の監視と執行機能を明確に分離することで，ガバナンスをあるべき形で機能させるためと思われる。「真のグローバル企業」を目指す同社にとって，まずは形を整えることが重要なのである。そして，そのことが実効性を高めることにつながるというのがブリヂストンの考え方なのであろう。

　本章ではブリヂストンの国際化，グローバル化の長い歴史を概観しながら，それぞれの段階で，海外事業を担うべき人材がどのようなスペックの社員で，人的資源管理において何が重視されてきたのかについて考察した。戦前戦後期のタフな海外営業マンに始まり，その後は海外子会社の経営者，販売責任者，生産責任者となりえる日本人社員が必要になった。そして，海外事業の拡大に伴い，大規模事業会社の経営を任せることのできる人材，そして今日では本社の経営者となりえる人材を，国籍を問わず発掘し，育成することが求められるようになった。その到達点が，現在の経営者候補に対するグループ共通の人的資源管理制度であり，育成プログラムである。国際化の進展，そのときどきの経営課題と経営戦略に対応して，人的資源管理に求められることも進化してきた。
　このようにまとめると漸進的な国際化はストレスの少ない過程のように思われるかもしれない。しかし，それは単にわれわれが創業90年の現時点から俯瞰しているからの幻影に過ぎない。現実は本文にもあるように，国際化のステージが変わるごとに，人的資源管理のあり方が大きく変わり，社員および組織へのインパクトは甚大だった。まさに山あり谷ありの険しい道のりだったのである。
　海外事業会社の外国人経営者に本社の執行役あるいは執行役員を兼務させるのも，こうした文脈で理解できる。ただ，先に指摘したように，彼らは本社（GHOとGMP）で役職に就いているわけではない。このことはどのように理解すべきであろうか。1つは，将来の本社の経営者候補というよりは論功行賞であったり，動機づけが目的であったりということは考えられる。もう1つの見

方は，同社の経営が高いレベルのグローバル化段階にあり，親会社の役員は本社の経営責任者というよりは，グループ全体の経営の責任を負うべき存在であり，海外主要子会社の経営者が，本社執行役と執行役員に名を連ねるのは当然となる。後者の見方が正しければ，津谷CEOの発言のように[26]，近い将来，外国人CEOが誕生しても何の不思議もないことになる。将来予想はできないが，そうしたことが同社のグローバル経営の到達点と本質を探るうえの1つのカギになるものと思われる。

最後に，グローバル企業とは何かという問いに対する問題提起を試みたい。企業経営であるから，優れた経営を実践することが目的であり，グローバル経営はそのための手段となる。競争優位にあるグローバル企業の本質は，本国的特徴を残しつつグローバル化するということなのか，それとも無国籍を目指すということなのか。ブリヂストンが目指すのは，日本発のグローバル企業なのか，それとも本籍フリーの「グローバル企業」なのかという問いである。企業の組織文化こそが，他社の模倣を許さない競争優位の源泉とすれば，解は前者となるであろう。

1つには，ブリヂストンの国際化，グローバル化の長い歴史を経た，現時点の会社の形と経営スタンスを観察するならば，米国を念頭に置いたグローバル標準を目指しているようにもみえる。それは，グローバル経営人材の育成（第2，3節）やグローバル経営体制の整備（第4節）を通じたグローバル企業文化の育成を重点課題として掲げていることから明らかなようにも思われる（図表2-1）。

しかしながら，本章でみてきた通り，より詳細に検討するならば，経営人材育成プログラムは，創業地訪問や経営理念の共有など，将来の経営者候補のコーポレート・アイデンティティ共有を重視する内容になっている。また，日本発のモノづくりの精神をグローバルに展開すべく，モノづくり教育を通して育成したマスターを生産現場のリーダーに指名している。こうした点を考慮するならば，同社は「日本企業としてのブリヂストン」を放棄してはいないのである。

もっとも，本国に根差したグローバル企業か，無国籍のグローバル企業かという問い自体が単純化の誹りを免れない。ブリヂストンは会社の姿かたち（プ

ロフィール），あり方（ガバナンス体制），経営手法（グローバル経営人材育成など）は一見グローバルであっても，創業の精神や日本企業としての特長を重視し強化しようとする姿勢に変わりはない。サッカーや野球のようにルールは世界共通であっても，対外試合で勝つためには他国チームとは異なる自国チームの強みを全面に押し出す必要がある。戦い方は自ずと各チーム各様ということなのかもしれない。同社が目指す「真のグローバル企業」は日本発の強みを基礎とするグローバル企業なのである。

[付記]

　本章は『専修マネジメント・ジャーナル』Vol. 8, No. 1に掲載された拙稿（「真のグローバルを目指すブリヂストンの人的資源管理経営史」2018年）を加筆修正したものです。取材にご協力頂いた皆さまに記して感謝の意を表します。

▶注 ─────

1　設立直後から輸出や海外現地法人設立によって，本国のみならず，グローバル市場を意識して事業展開を行う会社である。ボーングローバルについては今井［2016］を参照されたい。

2　ブリヂストン［2017b］，2-3頁に掲載された売上高推定世界シェア（原出所は米*Tire Business*紙）である。

3　注2と同じ。

4　本来的には，国際化は主権国家を前提とし，グローバル化は国境を前提としない地球規模の統合を指す。したがって，筆者は「グローバル」の語で今日語られる実態は精確性を欠くし，国際経営を語るうえで不適切と考える。しかし，ブリヂストンが「グローバル」を使用しているため，本文では本国から他国への事業展開の段階を国際化，1988年のファイアストン買収によってグローバルリーチが実現したのちをグローバル化とし議論する。

5　同社のウェッブサイト（https://www.bridgestone.co.jp/）およびブリヂストン［2016］，ブリヂストン［2017d］などを参照した。

6　「断トツ」という言葉は，4代目の服部邦雄社長（在任1981-85年）が好んで使用し，それ以来社内でしばしば使われてきた。津谷［2014］を参照した。

7　ブリヂストン［2017d］などを参照した。

8　ブリヂストン［2017c］を参照した。

9　ブリヂストン広報部広報第一課長・飯島亮麿氏へのインタビュー（同社本社，2016年1月18日）およびその他資料を参照した。

10　化学工業日報［2013］の同社執行役員（当時）仁保滋氏へのインタビュー記事を参照した。

11　ブリヂストン［2017b］などを参照した。

12　注9と同じ。

13　注11と同じ。

14　注11と同じ。

15　ブリヂストンタイヤ株式会社［1982］および同社ウェッブサイトの沿革と「ブリヂストン物語」（https://www.bridgestone.co.jp/corporate/history/story/index.htmlより採取）を参照した。

16　同社の社名は，戦時期の日本タイヤ株式会社，戦後のブリヂストンタイヤ株式会社を経て，1984年のコーポレートアイデンティティ導入に伴って，現在の株式会社ブリヂストンとなる。

17　終戦時の海外事業所からの引揚者は280人，家族を合わせると800人となり，帰還には3年を要したと記録されている。ブリヂストンタイヤ株式会社［1982］を参照した。

18　海外営業に関する寓話に「人々が裸足の市場をみて，1人の靴の営業マンは需要がないと判断し，もう1人は良い靴があればいくらでも売れると考える」というのがあった。そうしたことが現実感を持って受け止められたのが，この時代であったのかもしれない。

19　注11と同じ。

20　とはいえ，天然ゴムや合成ゴムは消費量が莫大であるため，全体に占める内製化率はそれほど高くない。市場からの買い付けが大宗であることに変わりない。

21　本社から海外への派遣者数は約550人であり（2016年現在），管理職，総合職，現業監督者・専門技能職の合計が5,000人弱であるから，海外派遣比率は10％を超えるレベルになっている。

22　ブリヂストンの2016年3月24日改正「定款」を参照した（https://www.bridgestone.co.jp/ir/library/articles/pdf/articles.pdfより採取）。

23　2017年6月現在，指名委員会等設置会社は71社，監査等委員会設置会社は800社程度となっており，委員会設置会社に移行しても後者が選択されることが多い。

日本経済新聞［2017］を参照した。

24　役員数の変遷は同社の決算短信その他を参照した。

25　日経産業新聞［2017］を参照した。

26　津谷［2014］を参照した。


**▶▶参考文献** ──────

ブリヂストンタイヤ株式会社［1982］『ブリヂストンタイヤ五十年史』。

ブリヂストン［2016］「2016中期経営計画（MTP）」10月17日（https://www.bridgestone.
　co.jp/corporate/library/mid_term/pdf/mid-term16.pdfより採取）。

ブリヂストン［2017a］「平成28年12月期　決算短信〔日本基準〕（連結）」（https://www.
　bridgestone.co.jp/ir/library/result/pdf/h28_results.pdfより採取）。

ブリヂストン［2017b］「サステナビリティレポート2016」（https://www.bridgestone.
　co.jp/csr/library/pdf/sr2016.pdfより採取）。

ブリヂストン［2017c］「BRIDGESTONE DATA 2017」（https://www.bridgestone.co.jp/
　corporate/library/data_book/pdf/BSDATA2017.pdfより採取）。

ブリヂストン［2017d］「2017中期経営計画（MTP）」10月17日（https://www.bridgestone.
　co.jp/corporate/library/mid_term/pdf/mid-term17.pdfより採取）。

ブリヂストン「決算短信」各年版。

ブリヂストン「有価証券報告書」各年版。

今井雅和［2016］『新興市場ビジネス入門』中央経済社。

化学工業日報［2013］「ブリヂストン執行役員・仁保滋氏（人と話題）」『化学工業日報』
　12月10日。

日本経済新聞［2017］「監査等委設置3割増」『日本経済新聞』6月24日。

日経産業新聞［2017］「ブリヂストン，外国人役員多く―多様性，足元から改善を」『日経
　産業新聞』3月27日。

津谷正明［2014］「真のグローバル企業に向けたブリヂストンの経営改革」東洋学園
　大学での講演，11月26日（http://www.tyg-business.jp/activities/2014/images/2014-4_
　141126s.pdfより採取）。

## 第3章 YKK
──YKK精神に基づく自律したグローバル人事制度

【会社概要】

| 名　　　称 | YKK株式会社 |
|---|---|
| 創　　　業 | 1934年 |
| 資　本　金 | 119億9,240万500円 |
| 従　業　員 | 46,167人（国内：17,671人／海外：28,496人）<br>※2019年3月31日現在 |
| 連結売上高 | 7,657億円（ファスニング：3,328億円／AP：4,280億円）<br>※2018年度実績に基づく |
| 主 要 事 業 | ファスニング・建材・ファスニング加工機械および建材加工機械等の製造・販売 |

## 1　世界72カ国・地域で展開するYKK

　YKKの原点は，1934年に東京・日本橋において3人で創業したサンエス商会である。そして，創業時から品質にこだわり，それが認められて次第に売上が拡大し，輸出も行うようになり，1938年に工場を東京・小松川に新設し吉田工業所に社名を変更した。戦争中，空襲により工場が焼失したが，疎開先の富山県魚津市で事業を継続した。1945年株式会社への改組を機に社名を吉田工業株式会社とした。その後，チェーンマシーン（ファスナーの製造機械）の輸入をいち早く行い，増産と品質向上を図った。さらに，1948年には，伸銅工場を新設し，ファスナーの一貫生産に着手した。ファスナーの原材料の1つとしてアルミニウムに着目し，それを契機に，アルミ建材の事業にも展開していく。

　また，海外市場での激しい競争や貿易摩擦の懸念が高まるにつれ，海外展開が模索される。1959年7月インド，10月インドネシアにプラント輸出を行い，12月にはニュージーランドに現地法人を設立し，米国，欧州など世界各地に現地法人を設立した。

日米繊維摩擦が激化するなか，YKKは1974年米国ジョージア州メーコンに海外初のファスナー一貫生産工場を設立し，米国への大きな足がかりとなった。また，アパレルの製造拠点が中国に移転しだすと，1992年中国・上海に事業会社を設立した。当時グローバルアカウント（多国籍企業）のグローバル化は激しく，これに対応すべきグローバル・マーケティング・グループ（GMG）体制も1997年に整備されている。

　2018年現在では，世界72カ国・地域で展開し，108社（国内19社，海外89社）を設立し，従業員46,167人（国内17,671人，海外28,496人，2019年3月現在），連結売上高7,657億円（うちファスニング3,328億円，AP4,280億円，2018年度実績）の規模である。中核となる事業は，ファスナーやスナップ・ボタンなどのファスニング事業と，住宅建材やビル建材などのAP事業，そして両事業の一貫生産を支える工機事業本部である。YKKの一貫生産は，「最高の品質を保つために最適な材料を自ら作り，設備も自社開発をする」ことを基本としてきた。

　そして，図表3-1のように，YKKは，グローバルな事業経営と世界6極体制（北中米，南米，EMEA（欧州・中東・アフリカをカバーするエリア），中

図表 3-1　YKK世界6極体制

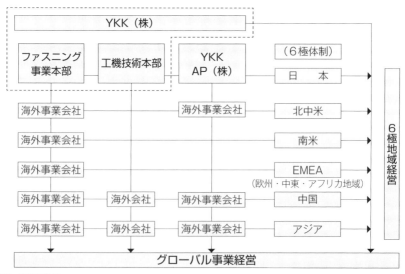

出所：YKK資料。

国，アジア，日本）による地域経営を基本軸にしている。

## YKKの海外展開の基本方針

　YKKを取り巻くアパレル産業の環境変化は，大変激しいものである。それに対応すべく，YKKは，縫製工場のある立地に進出していく。アパレル産業は，近年中国で大量生産を行ったり，台頭するファストファッション・メーカーは，アジアや南米をはじめコスト低減を求めて新興国に進出したりしている。YKKもそれに合わせて，海外進出がなされている。その結果，進出国で多くのローカル人材を雇用し，日本からは海外派遣を行っている。このような経営を可能としているのは，創業者吉田忠雄が提唱したYKK精神といわれる「善の巡環」（後述）という考え方が原点にある。

　そして，海外進出が始まると，吉田忠雄社長は海外赴任する者にその考え方として3つのキーワードを提唱した。

　1つ目は「土地っ子になれ」である。これは，「腰掛けでなく，骨を埋める覚悟で現場に溶け込む」というもので，派遣される社員は現地に永住する覚悟を持ち，現地社員や現地企業との共存共栄を求め，その土地に根ざした商売でないと成功しないとするものである。当時，日本人の海外派遣は多くなく，多くの外国人は日本人と接するのは初めてに近い。そうしたなかで，日本人社員は日本を向いて仕事をするのではなく，「その土地に生まれたものとして考えていく」，すなわち「土地っ子」になって信頼を得ていくというのである。YKKの海外派遣期間は日本の企業のなかでは比較的長い。また，利益を現地に還元すべく，ブラジルでのコーヒー栽培など現地でオリジナルな事業を行うこともある。

　2つ目は「信じて任せる」である。「どんなに若くても熱意を持っているなら信じて任せる」というものである。たとえば，事業計画に関して，一度決まってしまえば，その判断について現地に任せられる。そのことにより，経営のスピード感を高め，権限を委譲することを通じて，信頼される人材になることを期待されている。

　3つ目は「野戦の一刀流」で，「野戦，すなわち実践で鍛えられて問題に対応できる応用力をつける」というものである。若い社員を現地に派遣し，難局

を臨機応変に自分の力で乗り越えさせ，実践の場で鍛え上げていくことが大切であるという考え方が根底にある。

　また，OJT的な「野戦の一刀流」に対比される言葉で「道場の一刀流」というものがある。「道場の一刀流」は海外に赴任する前に実戦で役立つ基本的な「型」を教えるものである。アパレルメーカーの事業展開がスピードアップするなかで，若手でも即戦力となる人材へのニーズが高まってきており，社内道場として技術研修室が設置されている。今日では，伝統的な「野戦の一刀流」と同時に「道場の一刀流」を組み合わせてグローバル人材を育成している。

　このような考え方が，若くして海外赴任をする職場の雰囲気や企業風土を創り出し，今日のYKKのグローバル経営を支えている。

## 2　グローバル体制を支える人事制度：人材育成とコアバリュー

　YKKは，1999年急激に変化する事業環境に対してスピードをもって意思決定を行い，事業執行の迅速化を図るために経営機構改革をすすめ取締役会の改革と執行役員制度の導入を実施した。執行役員制度は，従来の執行役員体系（社長，副社長等）の下に執行役員を置き，また6極地域の統括会社の社長などをグループ執行役員として選任し，YKKの企業価値のさらなる向上を図る役割を負うことが期待された。

　同時期に，これまでの年功的な人事制度を改め，職能資格を軸に技能・専門職など人材タイプ別にコース管理を行う人事制度改革が行われた。

**人事理念・人事ビジョン**

　急速に進むグローバル化に対応した人材の育成と評価を図っていくため，1999年4月に人事制度改革プロジェクトが発足した。

　YKKでは，社員を「森林集団」としてたとえ，「若い木も経験を積んだ木も，背が高い木も低い木も，それぞれの木が個性を活かして自律的に成長すれば，組織は森林のように活力に溢れ社会に貢献できる」という考え方がある。そして，新人事制度導入にあたって，「自律と共生」（One for all, All for one）という人事理念が提唱された。「自律とは個および集団があらゆる局面で主体的

に考え，自己責任を持って行動し，目標を完遂できることである。共生とは，自律した個が多様な価値観を認め合いながら結集する姿，そしてお互いに厳しく切磋琢磨し，相乗効果によって個および集団としての成果を高めることである。『自律と共生』によって，社会・経済環境が大きく変化するなかで，会社も社員も『更なる価値創造』に向けた変革が実現できる」と指摘している。

　そして，人事ビジョンとして，「能力×意欲×一体感（グループ社員が，一体感を持ち，モチベーションが高く，力を発揮し続けることを支援する）」を掲げた。

　このような人事理念・ビジョンに従い，YKKはこれまでの年功序列的な職能資格制度を改めて，成果・実力主義的な制度へ2000年4月から転換した（図表3-2参照）。そのために，入社年次や年齢，資格，性別にかかわらず，顕在化された成果・実力を重視した処遇をする報奨制度を構築した。第一に，社員の分類について，それまでの職能による10段階の等級から，人材価値定義をもとに「一般」，「専門」，「プロ」の3つの大きな括りに変更した。さらに，「一般」はサポート的役割の「アシスタント／オペレーター」と推進活動的役割を

**図表 3-2**　新人事制度の等級（VALUESバンド）のイメージ

| 分類 | 人材価値定義 | | バンド | 評価項目 | 報酬 |
|---|---|---|---|---|---|
| プロ | 全社経営の一翼 | 6 | V Value | 成果（ビジネスプラン） | 年俸制 |
| プロ | 創造・再構築的役割 | 6 | V Value | | 年俸制 |
| プロ | ビジネスリーダー／ビジネスクリエーター | 5 | A Accountability | | レンジ給 |
| プロ | 創造的役割 | 5 | A Accountability | | レンジ給 |
| 専門 | 現場リーダー／特定分野イノベーター | 4 | L Leadership | | レンジ給 |
| 専門 | 革新的役割 | 4 | L Leadership | | レンジ給 |
| 専門 | シニアスタッフ | 3 | U Unique | | レンジ給 |
| 専門 | 創意工夫的役割 | 3 | U Unique | | レンジ給 |
| 一般 | スタッフ（一人前） | 2 | E Efficiency | | レンジ給 |
| 一般 | 推進活動的役割 | 2 | E Efficiency | | レンジ給 |
| 一般 | アシスタント／オペレーター | 1 | S Steady&Speed | 成果行動 | レンジ給 |
| 一般 | サポート的役割 | 1 | S Steady&Speed | 成果行動 | レンジ給 |

出所：YKK［2014］224頁。

担う「スタッフ」,「専門」は,創意工夫的役割を担う「シニアスタッフ」と革新的役割を担う「現場リーダー／特定分野イノベーター」,「プロ」は,創造的役割の「ビジネスリーダー／ビジネスクリエーター」と創造・再構築的な役割を担う「全社経営の一翼」の2つに分け,「VALUES」と呼ばれる6つのバンド(段階)を設定した。そして,毎年成果の再現性によって,バンドの見直しが行われる。その際,年齢や在級年数管理は行われない。

また,「プロ」の分類では,上位2バンドでは年俸制を導入,残りのバンドでは,バンドごとに給与レンジを設定して,成果において給与が見直されるレンジ給制度がとられた。新たな人事制度は,「同一成果同一報酬の原則」のもとで,年齢や属人的要素にかかわらず,やりがいが自覚できる制度を目指すものであった。その後,2007年,2015年と改定した。

人事制度改革においては,年齢・性別・学歴・国籍にかかわらない人事制度,同一役割・同一成果・同一処遇の実現を目指し,「公正」,「仕事(役割)」,「自律」という基本コンセプトのもと,"役割"を軸にした「成果・実力主義」のさらなる徹底を図った。

## 人事制度：人事職層とコース,等級

YKKの日本人従業員は2018年3月時点で約1万8,000人である。YKKの就業の特徴は,海外派遣の多くがファスニング事業であることにある。また,長年にわたって海外勤務している人もいれば,出張ベースの人もおり,地域限定の人もいる。さらに,現地法人の社長や上級管理職に着任しつつも,日本国内でのポジションとギャップがある場合もある。このような,複雑な人事環境のなかで,2000年に導入した成果・実力主義的な人事制度を2015年にブラッシュアップしている。図表3-3は,現在の人事コースと等級を示している。

この人事制度は「自律と共生」に重点を置いて設計されている。階層は,「一般職層」と「管理職層」の2層である。職種のコースとして,「M：Management」,「P：Professional」,「S：Specialist」,「E：Execution」,「T：Technical」の5コースが設定されている。

そのうちMとPコースは国内外の転勤を伴う全世界をフィールドとする職種となっている。S,E,Tコースは特定の地域や特定の仕事・専門領域に限定

図表 3-3　人事コースと等級

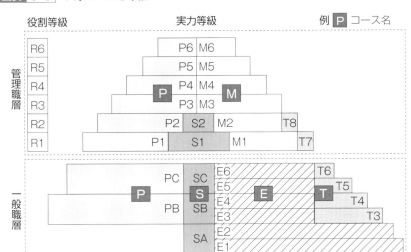

出所：YKK資料。

された職種である。それぞれ，全国採用と事業所採用となっている。

　たとえば，「E1」からスタートした従業員は，一般職で止まってしまうが，さらに，管理職層を目指す場合は，Tコース，またはSコースに転じて昇格をしていく機会が与えられる。当然，そのままのコースでもかまわない。

　コースの等級は「実力等級」といわれる。「実力等級」は成果成績や実力によって評価され，昇格には面接や筆記試験がある。それに対し，管理階層では，国内外の役職に応じて「R1」～「R6」までの「役割等級」がある。これは，国内外組織の役割に対して等級が与えられている。たとえば，ある現地法人の社長は「R4」，それより規模が小さい会社の社長は「R2」などのように等級が与えられている。Pコースの社員は，「R1」相当のパフォーマンスを発揮できる実力があると認められた人が「P1」に昇格できる。多様な海外赴任，帰任に対応するために，「実力等級」と「役割等級」を組み合わせて対応している。

　各等級には基準があり，その昇格には面接試験や筆記試験が行われる。昇格すると，給与も等級に併せた基準になる。ただし，実力等級には，「レンジ給」という制度があり，同じ等級でも数段階の給与のレンジ（幅）がある。そのレ

ンジは，実力等級のある段階とその上の段階で重なっていることもあり，下の等級でも上の等級と同じパフォーマンスが発揮できれば同じ給与となることがある。また，そのパフォーマンスや能力は伸び続けるという考え方ではなく，変動することを前提としており，年齢とは無関係となっている。また，役割等級に関しては，その等級ごとに給与が決まっており，給与は「実力等級」と「役割等級」の合算となる。

　また，YKKでは，「給与改定」を年に一度行っている。上述のように成果・実力主義の観点から，給与は毎年の業績によって変動する。

　YKKの従業員には，多様な職務条件が存在する。海外赴任を前提とする人，転勤がなく地域でスタッフ業務を行う人など条件が異なるなかで，「自律と共生」を実践できる人事制度の構築を試みている。


### 海外事業所への人事制度の適用

　YKKは約2万8,000人が海外で勤務している。当然ながら，海外ではそれぞれの国や地域に固有の習慣や問題があり，単純に日本の人事制度を適用することができない。海外会社では，日本の人事制度のように複雑なコース設定をしているところは少ない。海外会社については，Jグレードという等級を使用する場合がある。日本人が出向した場合も，Jグレードが適用される。

　中国では，現地社員の昇進・昇給が不明確でそれが不満につながっていた。2004年頃から，現地社員が現地法人の経営会議に参加するようになり，「スキルを高めれば幹部に昇進できる」ことで意欲を高めようとし，2005年には，現地人材向けにポストと報酬を連動させた「目標管理制度」を導入した。役職ごとに目標を設定し，評価を通じ，スキルが上がれば等級・報酬も高まる仕組みを作った[1]。

　図表3-4は中国の階層を示している。日本では，おおよそ4-5年ごとに昇格していくのに対し，中国では，評価によってより速いペースで昇格できる制度となっている。このように等級を細分化し短期間に昇格させることは，離職率を下げる効果がある[2]。基本的には日本の人事制度がベースにあるが，海外では，階層を細分化したり，コースをシンプルにしたりしながら適用している。

**図表 3-4** 中国事業所の人事等級

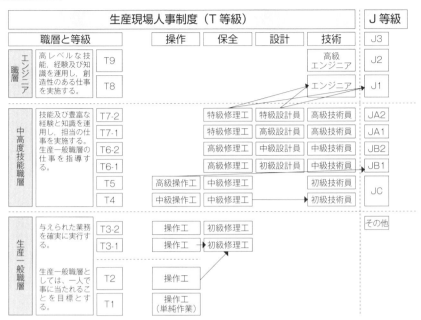

出所：YKK資料。

## 人材育成制度

　優れた人材を確保するためには，人事制度と人材育成制度が両輪として機能する必要がある。人材育成の目標として，「風土を育てる人材（YKK精神・経営理念・コアバリューを自ら実践できる人材）」，「価値を創り出す人材（商品・技術・経営の質を創意工夫で高めていくことができる人材）」という人事ビジョン・人材ビジョンを掲げている。

　図表3-5はYKKの日本における人材育成・教育体系図である。人材育成には，グループ共通のものと事業本部別のものとがある。とくに注目すべきは，リーダー育成である。「価値創造塾」は，毎年20-25人が参加する選抜型リーダー育成プログラムである。目的は「勝ちパターンの戦略を自ら作り，実行できるリーダーを意図的，計画的，迅速に，発掘，育成する」であり，1期間4年間で行われる。最初の1年間は，自己学習，集合教育が行われ経営知識を習得し，ケーススタディを行い，自ら考え判断することを習慣化する。次の3年

**図表 3-5　人材育成・教育体系図**

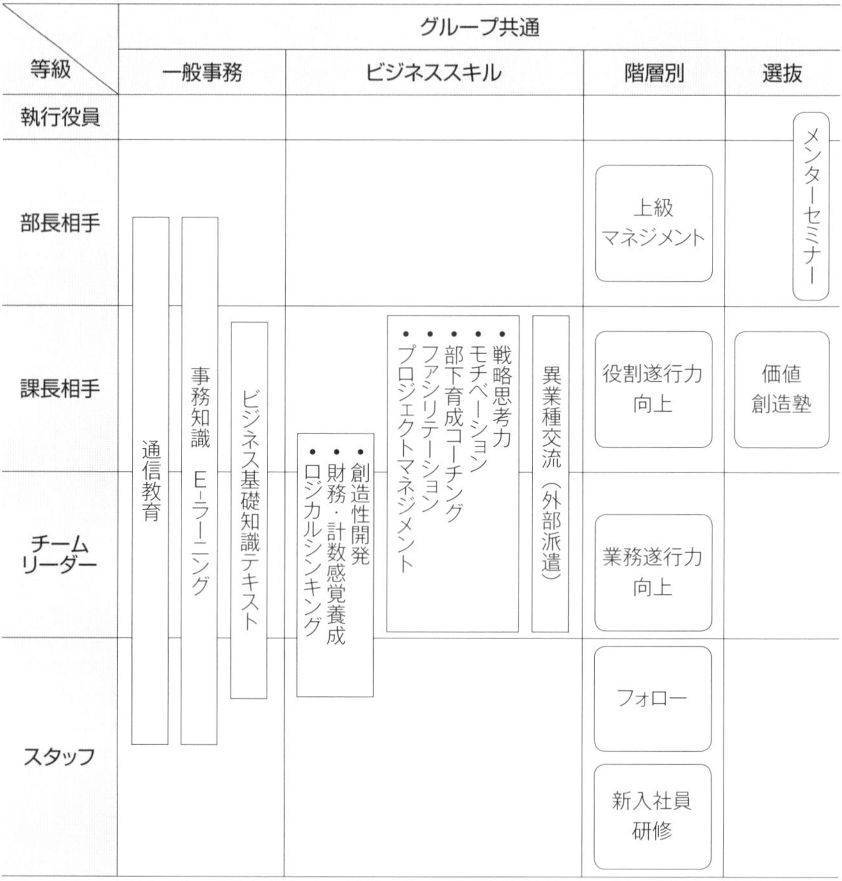

| 等級 | グループ共通 | | | |
| --- | --- | --- | --- | --- |
| | 一般事務 | ビジネススキル | 階層別 | 選抜 |
| 執行役員 | | | | メンターセミナー |
| 部長相手 | 通信教育　事務知識 E-ラーニング　ビジネス基礎知識テキスト | 戦略思考力・モチベーション・部下育成コーチング・ファシリテーション・プロジェクトマネジメント　異業種交流（外部派遣） | 上級マネジメント | |
| 課長相手 | | | 役割遂行力向上 | 価値創造塾 |
| チームリーダー | | ・創造性開発・財務・計数感覚養成・ロジカルシンキング | 業務遂行力向上 | |
| スタッフ | | | フォロー　新入社員研修 | |

出所：YKK資料。

間は，各職場で高い目標にチャレンジする。そうして，YKKバリューを共有し，将来のリーダーとしての価値観を持ち，自己変革を図る。2004年度からスタートし，これまで約300人が参加している。

　さらに，ファスニング事業部では，グローバル選抜研修（FTDP：Fastening Talent Development Program）を実施している。将来の幹部候補の育成を目的に，日本人だけではなく海外の従業員も参加するキャリア・ディベロップメント・プログラム（CDP）である。期間は3年間で，毎年1回国内外の事業

| 赴任前 | ファスニング事業本部　主催 | | | |
| | 製造 | 技術 | 営業管理 | 共通 |
|---|---|---|---|---|
| 赴任前セミナー（異文化マネジメント、危機管理、海外給） | | | | グローバル選抜研修 FTDP |
| 赴任前　語学研修 | | | | FLS リーダーシップ セミナー（海外出向員含む） |
| | 分野別セミナー | | FBS　3 | 語学研修（英・中） |
| | | | FBS　2 | FBS1（ベーシックセミナー） |
| | FTS　TPM道場 | | | 新入社員・生産研修 |

会社で研修を行い，YKK精神，経営理念およびコアバリュー（後述）の理解を深める[3]。

　また，ファスニング事業本部では，入社直後から新人教育を徹底して行い，海外には営業系では早い人で3年，技術系では5年程度から赴任する。技術者については構想力・発想力を持ち，実践における原理原則が活用できる技術者育成プログラムが構成される。

　このように，YKKのグローバル経営を支えるには，人事制度と人材育成制

度の構築が肝要であるが，さらにその根幹となる「善の巡還」というYKK精神やそれから展開される経営理念が重要である。

## 3　グローバル経営の真髄：YKK精神と経営理念

　二代目社長の吉田忠裕氏は，「グローバル化の時代といえども，事業のベースはローカリズム」と主張し，各国に送り込んだ人材に現地の経営を任せると同時に，外国人を含む全社員に対して企業理念の共有を図るという。

　「善の巡環」とは，吉田忠雄創業社長の企業精神であり，YKKグループの基本姿勢を表現したYKK精神である。その意味は「他人の利益を図らずして自らの繁栄はない」とするものである（図表3-6）。YKKは，「企業は社会の重要な構成員であり，共存してこそ存続でき，その利点を分かち合うことにより社会からその存在価値が認められるものです。YKKの創業者吉田忠雄は，事業をすすめるにあたり，その点について最大の関心を払い，お互いに繁栄する道を考えました。それは事業活動のなかで発明や創意工夫をこらし，常に新しい価値を創造することによって，事業の発展を図り，それがお得意様，お取引先の繁栄につながり社会貢献できるという考え方です。このような考え方を『善の巡環』と称し，常に事業活動の基本としてまいりました。私達はこの考え方を受け継ぎ，YKK精神としています。」と説明している。そして，全社員への徹底した浸透が図られている。

　「善の巡環」は海外事業展開において，上述の「土地っ子になれ」，「信じて任せる」，「野戦の一刀流」といった基本方針に展開される。また，1994年には，二代目の社長となった吉田忠裕氏により，図表3-7に示すように経営理念「更なるCORPORATE VALUEを求めて」が提唱された。また同時に，社名も吉田工業株式会社からYKK株式会社へ変更された。これは，YKKのグローバル化が進み，「善の巡環」を継承しながらもグループとしての理念の共有化が必要になってきたからである。YKKは，「経営理念『更なるCORPORATE VALUEを求めて』を具現化するために，7つの分野で新たなQUALITY（質）を追求しています。YKKグループは，お客様に喜ばれ，社会に評価され，社員が誇りと喜びをもって働ける企業でありたいと考え，商品，技術，経営の質

第3章　YKK　49

**図表 3-6** 　YKK精神「善の巡環」

出所：YKKホームページ（http://recruiting.ykk.co.jp/newgrads/about/rinen-1.html）。

**図表 3-7** 　YKK経営理念

出所：YKKホームページ（https://www.ykk.co.jp/japanese/philosophy/index.html）。

を高めていきます。そして，これらを実践するにあたって常に根底にあるのが『公正』であり，これを価値基準とし企業活動を行っていきます。」という説明をしている。とくに，「公正」は，多様化した時代において，さまざまな国，地域で考え方，価値観が違う間でのビジネスを進めるうえでの判断基準として，吉田忠裕氏が新たに取り入れたものである。

　さらに，グローバル展開が進み，時代とともに経営理念も進化させる必要から，2006年7月からプロジェクトを発足させ，社員1万5,500人が参画し，2007年12月にコアバリューを発表した。

　コアバリューは，YKK精神と経営理念を共有するために，社員一人ひとりが大切にしていく価値観として位置づけられ，現在ではYKK精神や経営理念，コアバリューを整理した「理念実践ブック」が全社員に配付されている。

「失敗しても成功せよ／信じて任せる」は，人づくりの基本である。「品質にこだわり続ける」はものづくりの基本で，自分本位になりがちなものづくりを顧客志向の品質を追求するものとし，「一点の曇りなき信用」は，社会との関係性の基本で，常に相手の立場に立ち，公正に判断し，誠実に行動するように示している（図表3-8）。

**理念の伝承**

経営理念はややもすればお題目になりがちであるが，YKKは，YKK精神，経営理念およびコアバリューの社員への浸透を継続的に行っている。また，これらを現地語に翻訳して，社員に浸透させている。

また，2008年9月には全社員が参加する「4万人社員フォーラム」を開催した。世界中の社員が各拠点の会議室などで，創業者の経営哲学を振り返る内容のDVDを視聴し，感じ，考える場に参加した。さらに，2014年には「第2回4万人社員フォーラム」が開催され，社員の実体験が収録された冊子が配られ，経営理念に照らし合わせたときに「あなたならどんな行動を取るのか」を問いかけ，職場の仲間で自らの経験を語り合った。

さらに，2008年より，社員と社長が経営理念などについて直接話し合う場として「車座集会」が年10回程度企画されている。これは，YKKグループの社員が事業横断的に集まり，16人程度の少人数で社長と話す場であり，「会長車座集会」も開かれるようになった。

**図表 3-8** YKKコアバリュー

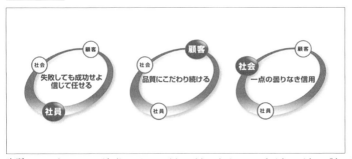

出所：YKKホームページ (http://recruiting.ykk.co.jp/newgrads/about/rinen-3.html)。

さらに，役員と社員が理念について語り合うことを目的とした「語らいの場」というものが開催され，取締役，監査役，執行役員，グループ執行役員，専門役員が交代で，理念に基づく自らの経験を社員に語るとともに，12〜15人の参加者が日常的に感じていることを話し合う場になっている。このほかにも，さまざまなイベントを通じて，理念の浸透を図っている。

　YKKのぶれない経営は，社員一人ひとりの徹底したYKK精神と企業理念の理解にあるといえるだろう。それは，一貫生産による高品質の維持や世界中に広がる顧客への同一品質・同一価格，短納期などグローバル・ソーサー（世界への供給者）としての地位を保つ源泉である。YKKの人事制度は，これらの理念に基づき，かつ相互に作用しながら構築されている。

# 4　さらなるグローバル・カンパニーを目指して

　世界のファスナー市場においてYKKはトップブランドとしての地位を確立しているように思われるが，同社の世界シェアは数量ベースではまだまだ低いといわれている。世界に展開する工場で同一品質かつ大量に生産でき，かつ1本納品のような小ロットの生産を可能にする企業，また，着色や素材，耐久性などの面でクライアントの要望に応えられる企業はYKK以外には存在しないであろう。

　しかし，YKKは歩を緩めない。なぜなら，世界中にファスナーを製造する無数の企業が存在しており，また一部の海外企業の成長も著しく，競争他社に追い抜かれる可能性もあるからである。高い品質を求めない商品に縫製されるファスナーは，価格の低さが重要視されるので，その点においてYKKは弱い。また，巨大なアパレルメーカーのニーズに応え，顧客満足度を高めなければ，それらの会社が内製化する能力を有するかもしれない。さらに，グローバル展開していることは，反面，組織規模が大きくなり，経営が硬直化する懸念もあり，自社のあり方が問われる。

　そのような課題に対応すべく，YKK精神，経営理念およびコアバリューに基づいた「自律と共生」という人事理念による人事制度の導入は必須であった。そして，さらなるグローバル・カンパニーを目指して次のステップへ進もうと

している。

## ダイバーシティ経営

　YKKは最初に海外進出をしてから60年以上が経ち，各拠点の規模や役割も変わりつつある。生産や販売は，先進国では減少，新興国や発展途上国では拡大しつつある。一度進出した拠点からの撤退は予想外の交渉やコストがかかり，とくに先進国での整理統合は大きな課題となるであろう。

　現在，海外法人のうち日本人が社長なのは約40%である。コストの面からみても，日本人派遣者を減らし，人材のローカル化が多くの企業で進められている。そのためには，日本人社員の役割を考える必要がある。先進国の成熟した事業所ではローカル人材による経営が可能であろう。しかし，急速に展開，拡張する新興国や発展途上国では，人材育成，営業管理，技術移転，品質・生産管理などの面で日本人の派遣者は欠くことができない。また，製造現場などで，多様な国籍，民族，宗教の社員がいる場合は，日本人としての「公正」性がマネジメントで大いに役立つという。

　また外国人社員は，当該国内での勤務が一般的であるものの，最近では国際間異動も行われ始めている。日本人社員の海外赴任，国際間異動に加えて，外国人社員の国際間異動もあり，新たにグローバルな人材配置や人事制度のあり方が求められるであろう。

　YKK全従業員の国籍，民族，宗教は多種多様である。富山県にあるYKKの黒部事業所では，短期，中期の外国人出張者が100人くらいおり，常勤者も2020年には約30人になることが予想されている。そこで，ダイバーシティに積極的に取り組んでいる。たとえば，黒部事業所では，イスラム教徒のハラール食への対応がなされている。

　YKKは，ダイバーシティを重要な経営課題の1つとして位置づけ，その目的を「多様な人材の力を結集し，新たな価値を生み出すこと」と掲げている。YKKの人事理念である「森林集団」や「自律と共生」はダイバーシティを推進する根幹となっている。

　外国籍社員に対してだけではなく，性別や年齢についても対応している。最近では，女性の海外派遣者も珍しくなく，2016年より女性の執行役員も誕生し

ている。2012年より猿丸雅之前社長（現会長）をプロジェクトリーダーとして「働き方“変革への挑戦”プロジェクト」という全社活動に取り組み，2013年より60歳定年の段階的な見直しを行い，2025年には65歳定年を計画し，現在国内の社員約1万7,000人が対象となっている[4]。障がい者に関しては，特例子会社のYKK六甲では，バリアフリー環境を整備し，重い障がい者でも安心して働ける環境を整えている。YKKは，2018年3月には経済産業省「新・ダイバーシティ経営企業100選」に選定されている。

　最後に，2015年から人事，法務，知財，経理などの管理部門を中心に東京の本社機能の一部を富山県の黒部事業所に一部移転させた。これにより，約230人の社員が富山県へ移ることになった。また2015年から10年計画で社宅跡地を利用し，全250戸を整備する「パッシブタウン」のプロジェクトを進めている。パッシブタウンの特徴は，自然エネルギーを最大限活用した，21世紀の持続可能な社会にふさわしいローエネルギーの「まちとすまいづくり」である[5]。この点では，YKK APの窓事業を活かした新たなテーマに挑んでおり，同時に黒部を「技術の総本山」として，地方と都市で棲み分けした経営を行っている。

　YKKの特徴は，一貫生産に基づく圧倒的な競争優位とグローバル展開にある。その根幹にあるのは，YKK精神「善の巡環」や経営理念，コアバリューに裏打ちされたぶれない経営である。そして，グローバルな展開にあって，明確な人事制度と，実践と教育を組み合わせた人づくりを通じて，「自律と共生」という人事理念を身につけた社員　人ひとりが支えているのである。

[付記]
　本研究はJSPS科研費JP18H00883の助成を受けたものです。

▶注 ────
1　「日経産業新聞」2012年6月22日18面を参照されたい。
2　日経BP社［2015］37-38頁を参照。
3　2015年は，日本人5人，外国人11人が参加している。社長や本部長との対話，グループワークなどが行われた。基本的にディスカッションは英語で行われている。
4　片野［2018］を参照されたい。また，猿丸雅之前社長は，「定年制度の見直しに

ついては，段階的に年齢を引き上げ，最終的に定年制を撤廃したいと考えています。これも吉田によるところが大きく，欧州や米国には定年制がないことにヒントを得ています。」と語る。猿丸雅之［2014］12頁より引用。

5　「パッシブタウン」は，地中熱，バイオマス熱，太陽熱を利用している。社員のほかに一般向けにも貸し出されている。また，外国人向け住宅も整備されている。

▶▶参考文献──────────

片野桂［2018］「従業員一人ひとりの変革への挑戦を目指して」『エルダー』2018年5月号，16頁。

岸本寿生［2000］「事例：YKK―顧客から学ぶ」『旬刊経理情報』No.917（2000年5月1日号），36-40頁。

櫛引素夫［2018］「YKK本社機能移転と新幹線で変化「黒部」の今」『東洋経済ONLINE』2018年1月23日号。

日経BP社［2010］「YKK経営理念の継承全役員に義務化」『日経ビジネス』2010年10月4日号，26-28頁。

日経BP社［2011］「YKK先進企業が挑む仕組み再構築」『日経情報ストラテジー』2011年1月4日号，48-51頁。

日経BP社［2012］「YKK「野戦の一刀流」改め道場で若手を育成」『日経ビジネス』2012年5月7日号，34-37頁。

日経BP社［2015］「日本企業，経営される理由」『日経ビジネス』2015年9月7日号，32-39頁。

小野桂之介［2005］『ミッション経営のすすめ：ステークホルダーと会社の幸福な関係』東洋経済新報社。

猿丸雅之［2014］「ファスナー100億本をKPIに　定年撤廃に向け働き方も改革」『日経情報ストラテジー』2014年9月号，8-12頁。

YKK［2014］『YKK80年史　挑戦の軌跡―そして未来へ』YKK。

吉田忠裕［2011］「ローカリズムが今でも基本　外国人社員も理念で束ねる」『日経情報ストラテジー』2011年1月号，26-30頁。

吉田忠裕［2017］『YKKの流儀―世界のトップランナーであり続けるために』PHP研究所。

# 第4章 日立製作所
──グローバルメジャーを目指して

| 【会社概要】 | |
|---|---|
| 名　　　称 | 株式会社日立製作所 |
| 設　　　立 | 1920年2月1日 |
| 資　本　金 | 4,587億円（2019年3月末日現在） |
| 従　業　員 | 単体：33,490人，連結：295,941人（2019年3月末日現在） |
| 連結売上収益 | 9兆4,806億円（2019年3月期） |
| 当　期　利　益 | 3,210億円（同上） |
| 主　力　製　品 | 社会・産業システム，情報・通信システム，高機能材料，電子装置・システム，オートモティブ |

　日立製作所（以下，日立）は日本を代表する会社の1つである。事業規模でいえば，自動車会社のように，同社を大きく上回るところもある。しかし，自動車会社が自動車事業にほぼ特化しているのに対し，日立の事業ポートフォリオは多彩であるし，博士の学位を持つ社員が最も多い会社[1]といわれている。

　21世紀に入り急進展したデジタル化，モジュール化の衝撃が最も大きかったのは電機産業であろう。20世紀の最後の四半世紀，欧米企業にかわり，世界を席巻したのが日本企業であった。しかし，今世紀に入り，新興国企業が主役になった分野も多い。日立も業績低迷が続き，リーマンショック後の2008年度に記録的な赤字を計上し，大規模な事業再編が不可避となった。

　日立の再生戦略は，重電軽電メーカーではなく，社会イノベーション事業に注力し，強化あるいは撤退する事業の選択と並行して，グローバル化を推し進めるというものであった。海外事業は規模こそ大きいものの，全社のなかの位置づけは傍流に過ぎず，個別機能の海外展開はあったが，経営全般のグローバル化には着手していなかった。世界のなかでライバルに伍して競争を優位に進めるために，巨大複合企業日立の経営戦略は事業領域と市場展開の両面で一方の極から他方の極へと急転換しなければならなかったのである。

　本章の目的は，激変する経営環境のなか，大胆な経営改革に着手した日立の

人財マネジメント[2]に焦点をあて，日本企業の進むべき道は何かを探求することにある。とりわけ，同社に特徴的な人財部門自体の改革とタレントマネジメントについて詳しく検討しよう。人財マネジメントの制度改革のためには，その主体となる人財部門自体の改革が欠かせない。また，タレントマネジメントの究極の目的は「次世代社長をつくる」であり，それこそが同社にとって最上位の経営目標となる。こうした検討を通して，日立の経営改革，とりわけ人財マネジメントの改革の特徴が一見相反する施策を巧妙に組み合わせることで実現していることが明らかになる。

## 1 「グローバルメジャーになる」：経営戦略の大転換

　2008年のリーマンショックに端を発した世界経済の異変が日立を直撃し，同年度7,873億円という巨額損失を計上し[3]，それが同社を根底から変えた。しかし，同社の経営不振は1990年代後半から続いていた。デジタル化の進展によって，後発の新興国企業のキャッチアップが容易になり，製品がコモディティ化し，かつての強みが弱点に転化した。また，事業ごとに自社の競争優位を見極め，事業の再編を進めることは，日本を代表するインフラ企業であるがゆえの足かせもあり，事業改革は何度か試みられたが，いずれも不徹底であった。このことを2009年に就任した川村隆会長兼社長（当時）は「緩慢なる衰退」の末のリーマンショックであり，沈没寸前まで追い込まれたと述べた[4]。

　日立再生元年は「総合電機」へのこだわりを捨て，事業を取捨選別し，短期間に事業構造を組み換える必要があった。事業ごとに完全子会社化したり，売却・撤退したりなどの荒療治ともいえる構造転換がなされた[5]。日立グループは，もともと子会社の自立を促す遠心力の効いたグループ経営[6]が特徴であったが，One Hitachiというキャッチフレーズのもと，求心力を強めるグループ一体経営へと大きく舵を切ったのである。

　2010年に就任した中西宏明社長（当時）は「グローバルプレーヤーになる」との方針を掲げた。日立のグループ一体経営をグローバルに展開するとの意思表明であった。それが2010年に始まる「2012年中期経営計画」の基盤となった（図表4-1）。まずは，注力する事業分野を「社会イノベーション事業」と位

置づけ，経営としてフォーカスするポイントをグローバル，融合，環境の3点に集約し，全社の進むべき方向を示した。

2010-12年のリカバリーフェーズを経た「2015年中期経営計画」は，成長の実現と日立の変革という再構築の段階に入った。サービス事業の強化によるイノベーション，社会イノベーション事業のグローバル展開と業務のグローバル標準化によって経営基盤の確立を実現するトランスフォーメーションである。ここには，グローバル人財活用にかかわるさまざまな施策も含まれる。

2016年にCEOに就任した東原敏昭社長は，「2018年中期経営計画」で，自社をIoT時代のイノベーションパートナーと規定した。顧客との協創を通じ，日立の得意とする制御・運営技術，ITによる分析予測，プロダクト・システムを組み合わせ，社会イノベーション事業を創造するとした。事業構造改革の継続，IoTプラットフォームLumadaの運用，グローバルフロントの設置はそのための施策である。

社会イノベーション事業は顧客との協創によってシステム構築を行う。そのためには顧客との接点で，サービスとプロダクトの両面からイノベーションを実現し，提供する必要がある。注力する4つの事業分野を明確化したうえで，

図表 4-1 経営のフォーカス

出所：日立製作所［2010］，［2013］，［2015a］，［2016a］，［2016b］。

写真 4-1
社会イノベーション事業の一例

デンマーク・コペンハーゲンメトロでのダイナミックヘッドウェイ(乗客の需要に応じた柔軟な運行という新たな鉄道の価値を提案)によるソリューションの実証実験風景。

写真提供 日立製作所

12のグローバルフロントを設置したのは,そうしたニーズに応えるためであった。同時に,高度なサービスを提供するための技術を集約統合し,社会イノベーションのコアとなるプラットフォームをビジネスユニットとし,顧客のニーズに迅速かつ効率的に対応できるようにした[7]。顧客との接点となるグローバルフロントとプラットフォームを強化するためには,全世界で2万人の配置転換および新規採用が必要となる。必要とされる人財は営業,SE,コンサルタント,プラットフォーム開発者など幅広い。グローバル人財の育成と雇用拡大が喫緊の課題となった所以である。

日立は社会イノベーション事業を中心に,グローバルフロントを設置し,顧客とともに問題解決を図るビジネスモデルの構築を目指す。日本を代表する企業からグローバル企業へ,「ボーンアゲイングローバル[8]」のような急激なグローバル化である。こうした経営戦略を実現するために必要な人財マネジメントとはどのようなものであったか,次に検討していこう。

## 2　人財マネジメントも戦略に従う:主な基盤の構築

国際化といっても,特定製品のマーケティング,生産などの職能を,国境を越えて移転する「オペレーションのグローバル化」の時代には,人財マネジメントは親会社とそれぞれの子会社で個別に実施することで対応可能であった。しかし,事業を国境によって隔てることが困難となり,顧客に近いところで顧客と協働しながら,システム開発,ソリューション提供を行う必要が生じた。そのため,職能をワンパッケージ化したうえで「経営のグローバル化(フルバ

リューチェーンのグローバル展開[9]」を推進しなければならなくなった。そうした事業の担い手となる中核人財を，本社，子会社の垣根および国境を越えて調達し，相互に交流させなければならない。また，そうした中核人財候補の数に限りがあるとすれば，計画的な育成によって，早急に増やさなければならない。グループ・グローバルの包括的かつ統合的な人財マネジメントが，グループ全体の緊急課題になったのはこうした背景によるものである（図表4-2）。

グローバル人財マネジメントの基盤構築のために，最初に着手したのが2012年に完成したグローバル人財データベース（DB）である。日立グループの社員は全世界で30万人以上，そのうち，流動性の高い海外工場の現業社員を除く，28万人[10]の個別データを蓄積することができた。登録情報は基礎的なもので，個人の属性（グレード，職種，職名）と入社年度，年齢，性別，会社名，勤務地などである。一見難しい仕事とは思われないかもしれないが，求心力の乏しい企業グループで，異なる性格の多くの事業を抱えるグローバル企業が，多くの子会社の協力を得ることはそれほど容易ではない。しかし，グローバル人財DBの構築によって，職能ごと，事業ごと，市場ごとの人員をマクロに把握し，人員配置計画に活かすことができるようになった。当初目標通りの人数をグローバル人財DBでカバーすることができ，後述のいくつかの制度構築の基盤となった[11]。2018年中期経営計画では，社員の評価，スキル，職務履歴など，

**図表 4-2** グローバル人財活用施策：グローバル競争優位に資する「人と組織」実現

| 2012年度 | 2013年 | 2014年度 | 2015-18年度 |
|---|---|---|---|
| グローバル人財データベース（DB）（28万人） | グローバル・グレード（HGG）（5万ポジション） | グローバル・パフォーマンス・マネジメント（GPM）（約11万2,000人） | 適材適所・役割基準の人財マネジメント徹底 |
| リーダーシップ・デベロップメント（GLD，約500人のトップタレント） | 管理職の処遇に反映 | | 新人財情報システム（Workday）人財情報（評価，スキル，職務履歴等）を一元管理 |

注1：グループ・グローバル人財マネジメント基盤の確立。
注2：組織と個人の目標を連動させパフォーマンス向上。
注3：グローバル一体での適材適所実現。
出所：中西［2017］。

さらに詳細な人財情報を盛り込んだ新人財情報システム（Workday）の運用が始まった。

　2013年に導入されたのが，日立グローバル・グレード（HGG）である。これは，人財マネジメントを人基準から仕事基準に転換するためのツールであり，管理職以上の職位を本社社長以下7つのグレードに分類した。HGGの基盤構築によって，日立本社の管理職約1万1,000人のみならず，国内外の子会社の管理職を含む約4万5,000人の職位を統一することができた。具体的には，図表4-3のように，会社の規模や役割に応じて，社長と本部長が共通のグレードに分類されることもある。なお，同一グレードのなかに，さらにいくつかのポジションクラスが設定されている。本社で管理職に就いていない社員はHGGの対象ではないし，給与などの待遇には影響しないが，見做しグレードとして分類し，人財育成に活用する場合もある[12]。

　2014年に運用が本格化したのがグローバル・パフォーマンス・マネジメント（GPM）である。管理職とホワイトカラーを対象に，人と組織の目標を近づけ，仕事の成果を最大化するための人財マネジメントツールである。2013年に約3,000人，2014年に本社国内管理職約1万1,000人が対象となり，本格的な運用が始まった。現在では，グループ・グローバルに11万2,000人程度が対象となっ

**図表 4-3　日立グローバル・グレード（HGG）のイメージ**

| HGG | ポジションクラス | 日立本社 | 米国A社 | 中国B社 | ドイツC社 |
|---|---|---|---|---|---|
| Grade A | ＊＊＊<br>＊＊<br>＊ | 会長<br>社長<br>副社長 | CEO | | |
| Grade B | ＊＊＊<br>＊＊<br>＊ | 本部長 | COO | 総経理<br><br>副総経理 | |
| Grade C | ＊＊＊<br>＊＊<br>＊ | 部長 | | | MD<br><br>VP |
| Grade D | ＊＊＊<br>＊＊<br>＊ | 課長 | | | Director |

出所：日立製作所［2015c］を参考に筆者作成。

ている。最終目標はホワイトカラー全員の20万人規模であるが，10万人を超え，当初目標であり，実効的な運用が可能な規模はクリアしたことになる。従来の目標管理（MBO）の欠点を改め，トップから末端まで組織全体に要求されるコンピテンシーを明確化し，整合性の取れた形で，その達成状況を評価するための制度である。コンピテンシーは社長が1つ，次の経営層が2つあるいは3つというように明示することで，それぞれの職能・職位で職務を遂行する際に必要とされる能力を特定する。このように，結果ではなく，特定の職位でどのような業務をどのようにして実行したかというプロセスが評価対象となる。なお，報酬はHGG，コンピテンシー評価（GPM），それに仕事の成果の関数であり，期待年収も社員自身が計算できる仕組みになっている。

　これまで述べてきた，グローバル人財DB，HGG，GPMは人財マネジメントの基盤を構成する。これらがグループ・グローバルに整備されたことで，会社の垣根と国境を越えて，グループ内で適材適所の人員配置が可能となった。さらに，国籍に関係なく，将来の経営を担う人財の育成プログラムも可能になった。外国人社員が本社を含むグループ内で昇進する道が拓け，高い動機づけになったし，有能な外国人社員の入社を促進できるようになった。経営戦略の実現に資する「人と組織」のマネジメント基盤が構築されたのである[13]。

## 3　人財部門改革と人財マネジメントは車の両輪[14]

　日立のグループ・グローバル経営への大転換は，本社のみならず，すべての子会社にそれまでの仕事のやり方を大きく変えさせることになった。人財部門も例外ではなかった。

　これまでのように，日本人が重要ポストの大半を占める体制は続くのか。海外拠点の経営者や本社スタッフに外国人が増えるとすれば，人財マネジメントはこのままでよいのか。一部事業の本社機能が海外に移転するとき，従来の経営モデルや人財マネジメントによって当該事業をサポートできるのか。経営に結果責任が厳しく問われるようになれば，ガバナンス体制の整備が必要になるが，これまでの本社，子会社ごとの人財マネジメントで説明責任は果たせるのか。こうした問いへの回答はいずれも否であった。

強い組織を作るためには，世界中から最強メンバーをそろえたチーム編成を行わなければならない。そうしたグローバル人財マネジメントの実行主体が人財部門であり，人財部門自体が自らを変革しなければならない。両者は車の両輪のような関係である。人財部門も「グローバルクラスの人財部門になる」とのビジョンを掲げ，自ら部門改革を推進することになった。主に3点に絞って議論していこう。

## 人財マネジメント改革への賛同者を増やす

　人財マネジメント改革をグループ・グローバルに実行するためには，子会社の協力が欠かせない。これまで述べてきたように，日立グループは各社の自律性を重視する遠心力のきいた組織であった。人財マネジメント改革は，子会社にとっては，たとえば，優秀な人財を本社や他のグループ会社に取られてしまうことにもなりかねない。また，本社からのコントロールがきつくなり，自主性が損なわれる懸念もある。そもそも，本社の人財部門が企画したプロジェクトに協力するだけでは，得られることが何かはわかりにくいし，インセンティブも存在しなかった。

　まず，本社の人財部門は主要30社の社長と人財部門トップに対して，正式に人財マネジメント改革に向けた協力要請を行った。総論としては反対する理由はないし，面談の場ではいったんは協力姿勢を示すことになる。しかし，遠心力の強い，ボトムアップ的組織文化の日立グループである。公式ルートの要請だけでは，なかなか各種プロジェクトは進まない。

　本社内でも人財マネジメント改革に対する懸念の声は上がる。複数の異なる性格の事業，世界に広がる拠点，30万人以上の社員を対象とする包括的かつ統合的なシステム構築はやはりハードルが高い。たとえば，アジアに限定したシステム構築を図るとか，時間をかけて着実に進めるべきとの意見もあった。しかし，会社全体が一方の極から他方の極へ大きく変わろうとしているなか，人財マネジメント改革も短期間に，モメンタムをきかせ，一気に進めなければ，中途半端なものになりかねない。2011年から2015年までを3つのフェーズに分け，グローバル人財マネジメント基盤の構築（2011-12年），人財と組織のパフォーマンス最大化（2012-14年），競争優位に資する価値提供（2013-15年）

を急ぎ実現することにした。その目標として，ワールドクラスの人財部門への
トランスフォーメーション（転換）というビジョンを掲げたのである。トッ
プ・マネジメントから人財マネジメント改革に対して全面的な支持を取り付け
ており，支援のある間に一気呵成に改革を進め，結果を出す必要があった。

むろん，本社自体が大企業組織であり，そのうえグループ全体となればなお
さらで，すべての会社が一様に協力すると考えるのは楽観的に過ぎる。ただ，
主要な子会社が協力し，その比率が一定以上となり，ティッピングポイントを
越えれば，あとはそれほど難しくない。グローバル人財DBにしても，HGGの
導入にしても，GPMにしても，一定数，一定比率の会社，従業員をカバーで
きれば，グループ・グローバルでの運用が可能になる。そうなれば，当初，逡
巡していた会社にも参加圧力が強まることになる。それゆえ，包括的かつ統合
的なシステム導入を訴え，モメンタムをきかせ，短期間で実行し，実績を示す
ことが重要なのである。もちろん，そうしたやや強引な進め方と並行して，各
社にとっても価値があることを示さなければならない。人財マネジメント基盤
が構築されれば，実際に運用することで，事業部門と子会社にとってどのよう
な利点があるのかを理解してもらう必要がある。

## 事業部門が人財マネジメントのオーナー

人財部門は経営者のスタッフとして，ヒトにかかわるマネジメントを実行す
るコストセンターである。経営トップのスタッフとして，人の採用，配置，評
価，教育にかかわる業務に従事するため，ややもすると管理的な（adminis-
trative）傾向が強まることがある。もっとも，製造業全盛時代は，工場が付加
価値創造の場であったから，工場に人を集め，職場管理と勤労管理を行うこと
が付加価値に直結した。しかし，グローバル規模で社会イノベーションを起こ
し，成長につなげるという時代に人を「管理」するだけでは付加価値は生まれ
ない。誰に対して，どのような価値を提供すべきか，人財部門の存在意義が問
われるのである。

グローバル人財DBが構築されたことで，日立グループの全社員へのアクセ
スも容易になった。人財部門には，グループ全体で約5,000人の社員が働いて
いる。2013年に実施したのが，人財部門の業務内容に関するアンケート調査で

あった[15]。約4,300人からの回答を集計すると，人財部門従事者の時間の約7割がオペレーションとアドミニストレーションに費やされていることがわかった。総務，労務，給与，福利厚生などの日常業務である。他方，経営者や事業部門への価値提供と人財部門の組織能力向上にかかわる業務が約2割，人事戦略，組織開発などの人財戦略に至っては約1割に過ぎなかった。人財部門の年間経費はおよそ500億円になるが，その約7割の350億円は事務的な仕事に費やされ，会社の競争力向上につながる価値を提供できていなかったことになる。

　人財部門調査のあと，実施したのがラインマネジャー約4,000人に対する調査である。従業員のインゲージメントと事業の成長が重要と思う反面，満足度はそれぞれ約2割，約1割に過ぎないとの回答であった。人財部門への信頼は5割を超えていたが，人財部門が会社と事業部門に価値を提供できなければ，信頼を維持することもできない。人財部門の業務の約7割を占める日常業務を制度の標準化や業務改革を通じて削減し，いかに人財戦略に寄与し，人財部門の組織能力向上につなげるかが喫緊の課題となった。

　まずは，グローバル人財マネジメントの主体が，本社の人財部門ではなく，各事業部門（ビジネスライン）であることを明確にした。人財部門は，人財マネジメントに関して，事業部門を支援するスタッフに徹する。事業部門が市場競争において競合に勝つことが目的であり，そのためには人と組織の競争力を向上させなければならない。人財マネジメントの基盤整備と円滑な運用によって，その目的に資すること，それが人財部門のミッションとなる。具体的にいえば，1つは人財と組織の生産性を向上させることで好業績につなげることである。2つは社員のインゲージメントとモチベーション向上を図る仕組みづくりである。3つは事業を牽引するリーダー，必要とされる経営者をグローバルに配置できるような体制づくりである。4つは特定地域への事業進出に際して，優秀人財の確保，人事制度の立ち上げ，教育訓練の実施などのため，人財マネジメントに関する共通のプラットフォームを提供することである。こうした支援活動に注力することで，人財部門のミッションを明確に示したのである。

## 事業部門に価値を提供する

　グローバル人財マネジメントを展開する中核組織となったのが，2011年に新

設されたグローバル人財本部である（図表4-4）。日立本社から，あるいは日本から世界をみるのではなく，世界とグループ全体を見渡して，人財マネジメントを推進しなければならない。本社の人財部門が世界の4極の人財部門を統括するのではなく，日本を含む世界5極をグローバル人財本部の管轄下に組み入れた。人員は，当初，米国駐在の米国人を含む30人の少数精鋭組織であった。この体制ができたことで，グローバル人財本部はグループ全体の人財マネジメント案を策定し，実施できるようになった。また，単に共通の仕組みや制度を作るだけでなく，ベストプラクティスをグローバルに，あるいはグループ全体に迅速に横展開できるようになった。何といっても重要だったのが，グローバルな視点で，本社と日本国内の構造的な課題を浮かび上がらせ，それらに対処できるようになったことである。

　人財マネジメントのオーナーが事業部門であり，人財部門は事業部門のパートナーとして，人財マネジメントの基盤を構築し，運用を通じて価値を提供する。人財部門の存在意義の1つがこれである。人財部門は人事にかかわる権限を自ら放棄したことにもなる。他方，人財戦略の立案や組織能力の向上などの中核機能を果たさなければならない。人財部門の知見と見識がこれまで以上に

図表 4-4　グローバル人財マネジメント組織のイメージ（2011年以降）

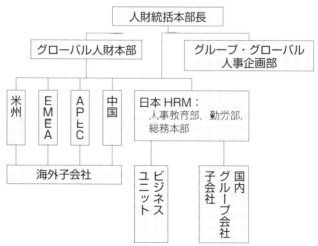

出所：日立製作所［2015c］を参考に筆者作成。

問われるようになったのである。

2つは人財部門の専門性の発揮である。センター・オブ・イクスパティーズ（COE）として，たとえば，組織設計，タレントマネジメント，社員のインゲージメント強化のための施策，報酬やフリンジベネフィットに関する知識，労務管理にかかわる経験を，必要と要請に応じて事業部門に提供する。自らの専門性を磨くとともに，外部の専門家とも連携し，質の高い専門知識を事業部門に提供する。人財マネジメントに関する専門性によって，事業部門に価値を提供し，自らの存在意義を明らかにしなければならない。

3つがシェアドサービスの提供である。以前は子会社がそれぞれに個別に，外部の人財サービス会社と契約することが多かった。リクルートエージェンシー，人事コンサルティング会社，保険会社などから，専門知識とサービスを提供してもらうためである。しかし，本社がグローバルに，それぞれの分野で何社かと包括契約を結ぶことができれば，グループ各社は低コストで同一サービスを享受できる。また，本社でグループ・グローバルの空きポジションと充足状況を把握できるようになり，各子会社の採用コストもわかるようになった。これらの情報をグループで共有できるようになったのも，人財マネジメントの基盤構築によるものである。採用方法は公募か，推薦か，リクルートエージェンシー経由かといった採用情報も一元管理できるようになった。2013年にグループ・グローバル共通の採用システム（Taleo）が導入され，優秀人財の採用業務の効率化，コスト削減が可能となった。

## 人財マネジメント改革の要諦

日立の改革が期待通りに進んだ要因として，人財部門の役割と人財マネジメントはいかにあるべきかについて，トップと人財部門の見解が一致していた点を挙げたい。中西宏明社長（当時）と人財部門改革と人財マネジメントの推進者であった山口岳男氏（EY税理士法人シニアアドバイザー，日立総合経営研修所元社長）は，2000年代後半の米国ハードディスク買収会社の経営改革を主導し，肝胆相照らす関係であった。同時に，人財マネジメントの具体的な施策についても，米国での経験から明確な青写真ができていた。また，2009年度の危機的状況によって，組織としても大胆な改革を受け入れる準備ができていた

ともいえる。

人財マネジメント改革は，人財部門の位置づけを明確にするとともに，協力を取り付けるべき事業部門と子会社にとって，どのような具体的な利点があるのかを示すことで前進した。あるべき論は重要であるが，それだけでは協力は得られない。理想論と現実論が一体化することで，人財マネジメント改革は短期間に進展したのである。

## 4　次世代社長をつくる：タレントマネジメント[16]

グローバルメジャーを志向する日立にとって，グローバルアリーナでリーダーシップを発揮できる経営者を多数確保することは喫緊の課題である。競争力のあるメジャープレーヤーになるためには，本社はもちろんのこと，グループ各社の経営を任すことのできる経営者および候補者の育成が急務である。主要な事業は顧客との協働を前提としており，研究開発からオペレーション，サービスまでのフルバリューチェーンをグローバルに展開することが基本である。人財マネジメントの基盤構築が進展しても，グローバル経営人財が不足するようでは経営戦略の実現は危うい。そうした人財の質と量の確保がカギとなる。

### 経営者候補の育成

2012年に始まったのが，グローバル・リーダーシップ・ディベロップメント（GLD）である。30代半ばから40代の管理職で幹部候補の約500人を選抜し，個別の育成プログラムを作成し実行する[17]。本社と所属先のトップおよび人財部門責任者がメンバーとなる本社人事委員会において，毎年2カ月かけて，キャリアプランを策定する。本社および主要子会社の120のキーポジションを担うべき候補である。現在では，40代の対象者がグループ会社の社長に就任するまでになった。いまのところ，日本人が多いが，外国人も含まれるし，ビジネスユニットのCEOに就任した外国人経営者もいる。さらにいえば，この500人のなかには次世代（次の次，あるいはその次）の本社社長候補も含まれる。経営者候補を本社の日本人に限定するのではなく，グループ・グローバルに国

籍とは無関係に計画的に選抜し，キャリア開発を行っている。GLDプログラム開始から5年が経過し，キャリアプランに従った育成で成果も出始めている。海外事業比率が5割を超え，さらにグローバルな事業展開を進めるのであるから，将来的には経営者層の半数が外国人であっても不思議ではない。

　タレントマネジメントは本社レベルに留まらない。図表4-5のように，本社レベルの下には，本社のビジネスユニットや主要30社レベルの人事委員会，その次には事業部や子会社レベル，そしてその次には本部や他の子会社レベルの人事委員会があり，それぞれ将来有望な社員を選抜し，育成プログラムを策定している。本社レベルと同様に，主な対象者は30代半ばの管理職以上であるが，管理職に就いていない若手であっても，優秀であれば，それぞれのレベルの委員会で選抜し計画的な育成を行う。一段高いレベルの業務に従事し，困難な任務をこなすことで，次の主要なポジションに就く。そして，成果を上げ，次世代のリーダーに成長させようという取り組みである。なお，日立グループ全体の管理職数は本社および国内外の子会社で約4万5,000人である。彼らのなかで，能力が高く，実際に高い成果を上げている人たちが，このタレントマネジメントの主な対象になる。概算でいえば，本社レベルの約500人を含め，グループ全体では約10%の4,500人程度が対象者と考えられる。

　こうしたプログラムの意義について考えてみよう。本社人事委員会に社長自らが出席し，約500人の個別の育成プログラムの作成に関与する。次世代の後継者育成に，それほどまでにコミットする背景を確認しておきたい。それは，

図表 4-5　タレントマネジメントのイメージ

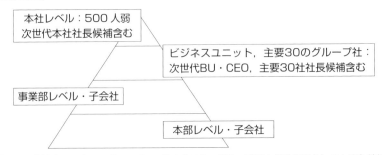

出所：山口岳男氏へのインタビュー（2017年4月14日，28日，専修大学神田校舎）および各種報道を参考に筆者作成。

何といっても，ダイナミックかつ超短期に変化するグローバルビジネスのアリーナで，それぞれの事業を担うことのできる経営者を確保することが喫緊の課題だからである。そうした人財の切磋琢磨によって，次世代の本社トップを選任することが，日立グループの将来につながるからである。年齢，性，国籍，学歴を問わず，グループ内あるいはグループ外からも最適な人財を引き上げ，育成することがこの目的に適う。そのためには，キーポジションの明確化，職務と役割の明示，候補者の特定，評価基準の標準化を行い，候補者の強み，弱みを踏まえ，個別の育成プログラムを作成し，実行することが不可欠なのである。

### 教育プログラム

日立グループの教育プログラムは，役員，部長などの職位ごとの研修と指名による選抜方式の研修，職能ごとに必要な知識や技術，技能を取得するための訓練など，多種多様なプログラムが用意されている。2013年度の実績では，日立本社と国内20社の社員の平均研修時間は38時間，教育投資額は約8万5,000円[18]となっており，社員教育に熱心な会社であることがわかる。教育プログラムも経営戦略の実現に向けたものとなっており，グローバル要員の採用，若手社員への海外経験の付与，そしてグローバル共通の経営研修の実施などがある[19]。

従来の経営研修は知識やスキルの習得を目的とすることが多かったし，日本人と外国人社員を区分することも多かった。しかし，2018年中期経営計画の実

写真 4-2

Global Women's Summit 2018

2018年10月にシンガポールで開催された同イベントは，日立グループの女性従業員のリーダーシップやキャリアプランニングの意識を深め，ネットワーキングを通じてモチベーション高めるためのもので，第3回目となる。

写真提供　日立製作所

現に向けて，知識よりも実践に重きを置く変革型リーダーが求められ，そのためには高い志と使命感を持って意思決定できる社員をいかに養成するかが重要課題となる[20]。日本人，外国人に関係なく，共通のコンテンツでの研修を充実させる必要があるし，実施場所も国内である必要はない。そうした意図で実施されている，２種類の教育プログラムを紹介しよう[21]。

　GAP-L（Global Advanced Program for Leadership Development）は，海外現地法人での活躍が期待されるローカル人財を主な対象として，上位職位への移行促進を目的とするプログラムである。2012年度より，毎年，シンガポールで開催し，2015年度は世界各地から24人のリーダーが参加した。

　GAP-K（Global Advanced Program for Key Positions）は，経営者候補の育成を目的とする選抜研修である。2015年は22人の選抜者が，顧客価値の創造を通じて，事業拡大を主導するリーダーシップをテーマに，日本やインドで３カ月にわたるプログラムに参加した。GAP-Kは新興市場に触れながら，グローバル規模の事業拡大戦略について，他の参加者と議論し，具体的なプランを作成する。参加者が自らと向き合いながら，グループ・アイデンティティを深く理解することも研修の目的となっている。

　このほかにも，一般管理職・新任管理職向けに，世界共通のグローバル・リーダー育成プログラムが用意されている。2014年からの受講者数は３年間でのべ約4,300人に達する。また，2002年から国内ではグループ全社の施策としてH-CDWと呼ばれるキャリア開発ワークショップが展開されている。これは30代の技師，主任，研究員を中心に自己分析作業を通じて，「内的キャリア」に重点を置き，キャリア・能力開発に取り組むプログラムである。2016年までにのべ約8,600人が受講したことになる。

## 日本人社員の育成

　現状では，日立グループの主要ポジションの多くは日本人によって占められている。しかし，日立はグループ・グローバルに事業を展開することでメジャープレーヤーを目指している。そのため，日本人であることや本社社員といった出自ではなく，能力と実力に従って人財を登用すべきであるし，そうした制度もできた。実際，経営者もそうした発言を繰り返している。将来的には，

外国人経営者が主要ポジションに就く例は増えるし，いまよりも比率が高まることは確実である。では，日立は会社としても，人財マネジメントにおいても国籍フリーの「グローバル企業」を目指すべきなのだろうか。企業の組織文化が究極の競争優位の源泉であるとすれば，おそらくその答えは否であろう。

　中西会長が発言しているように，日本人は奥ゆかしさを大切にする文化的背景から，能力があって十分に遂行可能な仕事であっても，自ら手を上げる人はそれほど多くない[22]。日本人の会社員の多くは，会社の指示に従って，ある職種に就いたり，転勤したりしながら，1つずつ高い職位を得ていく。自身のキャリアを自ら考え，選択し実践できる人は少ない。社内の会議でも自発的に発言する社員はそれほど多くない。まわりの協力に感謝することはあっても，自身の仕事の成果を声高に主張することを潔しとしない風潮がいまも根強い。他方，米国人はじめ海外のビジネスマンは自己アピールに長けているし，そうしなければ，自身の職や職位がおびやかされることを知っている。このような文化的背景を踏まえると，日本人と外国人社員の仕事上の成果を正当に評価する仕組みづくりには注意が必要である。キーポジションに就く日本人社員が激減し，会社経営を危うくする事態も懸念されよう。

　日立本社では大学と大学院卒の社員は，入社時から全員グローバル要員になる[23]。ただ，留学経験者の採用が増えているとはいえ，日本人社員の海外経験はそれほど豊富ではない。そこで，若手社員が若いうちに海外経験を積むことができるよう，異文化理解や語学研修のみならず，現地調査やインターンシップなど80以上のプログラムを用意している。2011年からの6年間で，これらのプログラムに参加した社員は約5,300人に上る。また，2014年からは，留学ならぬ，「留職」プログラムを立ち上げ，約30人の若手社員を新興国市場のNGOや中小企業に2-3カ月派遣し，現地の人々とともに，さまざまな社会問題の解決を図るプログラムを進めている。実践型の海外派遣によって，日本人社員をグローバル人財として育成すべく，こうした取り組みを加速している。

　また，日本人社員の育成法として，原則全員が若いうちに海外に駐在し，外国人の上司のもとで働き，さらにその次の海外駐在ではローカル社員の上司として働くことを奨励するだけでなく，ルール化しようとしている[24]。グローバルに通用する日本人社員の層を厚くするためには，こうしたやや強引な施策も

必要かもしれない。リーダー育成に必要なことは，まずは何といっても本人の意志が前提となる[25]。業務を通じて，海外経験を深めることで，そうした志が確かなものになるのかもしれない。同時に，会社がグローバルリーダーの育成についての方針を明確化し，育成の場を与えることで，優秀な人財は成長し，会社の屋台骨を支える人財に育つのであろう。

　人財マネジメント改革を通じて目指すべきは，自発的に動いて成果を上げることのできる社員をいかに輩出するかである。国籍や出自でなく，外国人社員であれ，子会社社員であれ，会社に貢献できる上記のような人財をいかに育て，適切に配置するかが，日立の経営目標の実現に直結する。人財マネジメントの基盤を一定程度整えたいま，それらをいかに適切に運用するかは次の課題となる。

　本章のまとめに，日立の経営戦略，人財部門改革，それに人財マネジメント改革の特徴として，一見相反する要素を組み合わせることで，実効性を高めている点を指摘したい。このことが日立の競争力向上にどのようにつながるのかは，今後の推移をみなければならない。ただ，こうした両利き経営[26]は同社の特長と考えられる。

　まずは，経営戦略である。2009年度以降，確かにグループ・グローバル経営を推進し，求心力を強める経営姿勢が前面に押し出されている。他方，2018年中期経営計画で採用されたグローバルフロントの設置は，フルバリューチェーンの一体経営である。遠心力を維持し，顧客とともに自己完結的に事業を推進するという。求心力と遠心力を組み合わせたビジネスモデルを志向している。

　2つは，グループ・グローバル経営が必須となり，かつてのように社員の能力を把握し，必要なポジションにあてはめるというアナログ的な人財マネジメント（適材適所）が通用しなくなった。それを受け，グローバル人財DBのように，社員情報を一元化デジタル化することで，特定のポジションに必要な要件を明示し，グループ・グローバルに適材をみつけ，配属できる「適所適材[27]」の仕組みを作った。他方，タレントマネジメントにおいては，個別の育成プログラムを作成し，各人に適合するメニューを組み立てるアプローチを採っている。人財マネジメントにおいても，デジタルな仕組みとアナログ的手法をうま

く組み合わせようとしている。

　3つは，グループ経営を実践し，グローバルメジャーを目指す基本姿勢のなか，優れた人財をピックアップし，特別なプログラムで育成し，次世代の経営者に育てようとする方針は明確である。その一方で，日本企業が得意とする，組織全体の底上げを放棄しているようにはみえない。むしろ，新入社員に機会を与え，一定期間は同等の処遇を行い，全体の底上げを図るという方針に変わりはない。全体の底上げと優秀人財の引き上げという，一見相反する施策を同時進行で進めている。

　4つは，国籍などの出自にかかわりなく，グループ・グローバルに人財を登用する制度を整える一方で，日本人社員の育成にも努めている点である。日本人社員の育成の成否は，長期的に日立の競争力に影響する。また，文化的ハンディキャップを克服し，「公平な」人事評価を行うことができるよう，まずは日本人社員にさまざまな機会を提供し，外国人社員と同等に競争できる環境を作ることで，日本人社員の意識改革を促すことも必要である。この点も，国籍を問わない公式な制度設計と日本人社員向けの制度設計という，一見相反する施策を進めているのである。

　最後に，人財部門改革と人財マネジメント基盤の創設に尽力した，山口岳男氏の言葉を紹介したい。新たに導入された人財マネジメントのほとんどは米国発の制度である。社内外からの批判は，日立を米国企業にするのか，もしそうなれば競争力を維持できないのではないかということであった。しかし，同氏の回答は「有用なツールであれば，どこでできたかなどあまり問題ではない。技術や機械を外国から輸入し，それらを使いこなすことで，競争力向上を果たしたのが日本企業である。コンピュータでいえば，人財制度はアプリケーションソフトに過ぎす，アプリケーションソフトを動かすのがOSである。中長期の競争優位は経営理念，経営戦略，経営者のリーダーシップ，組織文化などによって規定され，それらがコンピュータのOSである」という。こうした見解も，米国流か日本流かという単純な二項対立ではなく，両者をいかに組み合わせるか，そのやり方こそが重要であり，それが組織能力を規定する要因であることを示唆している。

[付記]

　本章は『専修マネジメント・ジャーナル』Vol. 8，No. 1 に掲載された拙稿（「グローバルメジャーを目指す日立製作所の人財部門改革とタレントマネジメント」2018年）を加筆修正したものです。ご協力頂いた皆さまに記して感謝の意を表します。


▶注 ─────────

1　日経ビジネス［2015］を参照されたい。

2　日立は人的資源管理の対象である社員を一般的な「人材」ではなく，経営資源の最重要要素と位置づけ「人財」の語をあてている。そのため，本章では「人材」ではく「人財」を，そして「人的資源管理（HRM)」ではなく同社が使用する「人財マネジメント」の語に統一する。

3　日立製作所［2009］を参照されたい。

4　川村［2015］を参照されたい。

5　たとえば，日立情報システムズ，日立プラントテクノロジー，日立マクセルの完全子会社化の一方で，テレビ事業や携帯電話事業から撤退し，システムLSIや火力発電設備事業を本体から切り離した。

6　このことを，山口岳男氏（EY税理士法人シニアアドバイザー，日立総合経営研修所元社長）は子会社に対して「大きくなったら，自分たちで商売をして生きていけ」といってきた会社と象徴的に述べた［山口，2014]。

7　もう1つはプロダクト主体の事業群である。日立本体のインダストリアルプロダクツ・ビジネスユニットに加え，グローバル競争力のある製品，部品，材料などを担当する子会社群の事業である。

8　ボーングローバルは生まれながらのグローバル企業で，設立直後から輸出比率が高く，短期間に海外子会社を設立し，グローバルに事業展開する会社である。ボーンアゲイングローバルは，長く本国に留まり，国内中心の事業に従事するものの，何らかのきっかけで，あるとき，突然急速な事業のグローバル化に踏み出す企業である。今井［2016]，第3章「国際化の意思決定とボーングローバル」を参照されたい。

9　中西［2017］を参照されたい。

10　2012年段階では25万人，その後28万人まで拡大した。

11　たとえば，Hitachi Insightsと称する従業員サーベイを2013年から毎年実施できるようになった（2015年は13カ国語で，約21万人が対象，17万人が回答した）。グ

ループ・グローバルで共通のアンケート調査を実施することで，社員のインゲージメント強化と組織パフォーマンス向上のための施策立案と実行が可能となった。

12　本社の若手社員には3段階の社員等級制度がある。

13　同社はその後2018年1月に人財マネジメント統合プラットフォームをグローバルに導入した。グローバル人財データベース（DB）とグローバル・パフォーマンス・マネジメント（GPM），それに組織編成・人財配置，キャリア開発・人財育成などの人財に関する情報やプロセスを一元化し，バージョンアップすることが目的である。カバーする範囲は5万人からスタートし，25万人まで拡大する計画となっている。舘田［2018］および日本経済新聞［2019］などを参照した。

14　山口岳男氏（注6）へのインタビュー（2017年4月14日，28日，専修大学神田校舎）とその他の報道，同社ウェブサイトを参照した。

15　注14と同じ。

16　注14と同じ。

17　原田［2017］で紹介されている迫田雷蔵氏（日立総合経営研修所社長）の発言を参考にした。

18　日立製作所［2015b］，134頁を参照した。

19　日立製作所［2016c］，51頁を参照した。

20　中西［2017］を参照されたい。

21　日立製作所［2016c］，52頁を参照した。

22　中西氏は「米国人は能力不足が明らかな仕事でも，自分をアサインしろといい，たとえうまくいかなくても，自分を指名した上司に責任があると主張する」と述べている［中西，2017］。

23　日本人の若手社員のなかで，とくに優秀な人財については早めの選抜が有効かもしれない。しかし，日本の教育制度や文化背景から，それはあまり現実的ではない。20代の間にさまざまな経験を積んだところで，30歳過ぎから優秀層を選抜し，育成するというのが，同社のスタンスと思われる。

24　中西宏明会長へのインタビュー記事［日本経済新聞，2017］を参照した。

25　注14と同じ。

26　両利き経営（ambidexterity）は一般には経営資源の開発（exploration）と活用（exploitation）の両立方法に関する議論［O'Reilly and Tushman, 2013］とされるが，本文では一見相反する目的や課題を高次に両立する経営を指し，開発と活用に限定されない。

27　注14と同じ。

**▶▶参考文献**────────

日立製作所［2009］「平成21年度3月期 決算短信（米国会計基準）」。

日立製作所［2010］「2012中期経営計画」5月31日（http://www.hitachi.co.jp/New/cnews/month/2010/05/f_0531pre.pdfより採取）。

日立製作所［2013］「2015中期経営計画」5月16日（http://www.hitachi.co.jp/New/cnews/month/2013/05/f_0516pre.pdf）。

日立製作所［2015a］「2015中期経営計画―進捗状況について―」5月14日（http://www.hitachi.co.jp/New/cnews/month/2015/05/f_0514apre.pdf）。

日立製作所［2015b］『日立 サステナビリティレポート2015』。

日立製作所［2015c］「日立製作所におけるグローバル人財施策」人財統括本部，12月7日。

日立製作所［2016a］「2018中期経営計画」5月18日（http://www.hitachi.co.jp/New/cnews/month/2016/05/f_0518pre.pdf）。

日立製作所［2016b］「日立の経営について―事業構造改革と経営基盤の強化―」12月8日（http://www.hitachi.co.jp/New/cnews/month/2016/05/f_0518pre.pdf）。

日立製作所［2016c］『日立 サステナビリティレポート2016』。

日立製作所［2017］「有価証券報告書」第148期 自2016年4月1日 至2017年3月31日。

原田亮介［2017］「日本型雇用の限界打破を」『日本経済新聞』4月3日。

今井雅和［2016］『新興市場ビジネス入門』中央経済社。

川村隆［2015］「私の履歴書」『日本経済新聞』5月22日。

中西宏明［2017］「事業構造改革の取り組み―日立グループの『社会イノベーション事業』を例として」6月2日，グロービス経営大学院・東京校での講演（https://globis.jp/article/5531）。

日本経済新聞［2017］「ソフト・ハードの境に商機」『日本経済新聞』7月11日。

日本経済新聞［2019］「世界25万人の経験・スキル網羅」『日本経済新聞』2月13日。

日経ビジネス［2015］「博士も稼ぐ，日立が研究所再編」『日経ビジネス』3月9日。

O'Reilly III, Chales A. and Michael L. Tushman［2013］, "Organizational Ambidexterity: Past, Present and Future," *Academy of Management Perspectives*, 27: 4 324-338.

舘田清志［2018］「日立のグローバル人財戦略の取り組み」『日立評論』vol.100 no.4。

山口岳男［2014］「950社の制度を一元化！日立の壮絶グローバル人財戦略」12月9日，グロービス経営大学院・東京校での講演（https://globis.jp/article/2661，https://globis.jp/article/2662，https://globis.jp/article/2663より採取）。

# 資生堂
## ——現地化戦略と女性の海外派遣社員の活躍

【会社概要】

| 名　　　称 | 株式会社資生堂 |
|---|---|
| 創　　　業 | 1872年 |
| 設　　　立 | 1927年 |
| 従　業　員 | 38,640人（臨時従業員：8,105人）（2018年12月31日現在） |
| 資　本　金 | 645億円 |
| 連結売上高 | 10,948億円（2018年度） |
| 営　業　利　益 | 1,084億円 |
| 主　力　製　品 | 化粧品 |

　資生堂は，1872年創業の日本における化粧品業界ナンバーワンの企業である。第二次世界大戦前から発展し続け，日本のリーディング・カンパニーとして，長く日本の化粧品業界を牽引してきている。海外進出の歴史も古く，1960年代から米国，欧州，そしてアジアへと進出し，80年代になると，中国の将来の経済発展を見越して，いち早く進出し急拡大を遂げた。しかし，2010年頃から業績が低迷するようになったため，再び輝き続ける会社になるべく大胆な改革に着手した。そして現在，同社は熾烈さを増す世界の化粧品業界におけるグローバル競争に勝つため，真のグローバル企業を目指して突き進みつつある。

　資生堂の海外事業展開の特徴は，歴史的にみると，現地・現場に密着し，顧客との密接な関係を重視して，心のこもった「日本的サービス」を提供するという現地化戦略にあった。本章では，同社の海外事業展開の歴史を振り返りながら，海外市場の開拓に活躍した海外派遣社員，とりわけビューティーコンサルタントと称される女性の海外派遣社員に焦点をあてて，彼女たちの海外市場開拓において果たした役割や活動についてみていくことにする。

## 1　日本発のグローバルビューティーカンパニーへ

### 試練を乗り越える

　資生堂は，わが国最大の化粧品メーカーで，早くから海外進出しているが，1980年代から中国進出を本格化させるとともに，グローバル化の道を歩み，さらに現在真のグローバル・カンパニーに向けて改革を推し進めている。同社は現在，化粧品，化粧用具，トイレタリー製品，理・美容製品などの製造・販売を主な事業として，海外の約120カ所で事業展開している。2017年の売上高は約1兆5,000億円で，名実ともに日本の化粧品業界におけるナンバーワンの会社である。

　しかし世界的にみれば，資生堂は化粧品業界ではロレアル，エスティローダー，P&Gなど，欧米企業の後塵を拝しており，第6位にとどまっている。加えて近年では，世界の化粧品業界もグローバル競争が熾烈で，その競争に勝たなければ，瞬く間にその地位からすらも転落してしまう状況にある。このため，同社では2015年に，100年先も輝き続ける企業となるために，中長期戦略「VISION 2020」をスタートさせ，「日本発のグローバルビューティーカンパニー」へと飛躍すべく改革を展開中である[1]。

　ところで，資生堂は1872年日本発の洋風調剤薬局として東京・銀座で創業した。社名は中国の『易経』の「万物資生」からとったもので，「一切は母なる大地から生まれる」という意味がある。創業者の福原有信は，当時日本では西洋の医薬品が手に入らなかったので，高品質の医薬品を手頃な値段で買えるよう西洋式の薬局を開業した。これが資生堂の始まりである。そして1897年に，父から事業を継いだ初代社長の福原信三が「オイデルミン」という高級化粧水を発売し，化粧品事業に乗り出した。

　福原信三は，その後いっそう化粧品事業に力を入れた。彼は「化粧品は医薬品と同じレベルの厳格さと品質とをもって製造されるべきである」[2]という強い信念を持っていた。それ以来，資生堂は西洋の技術と，自然を大切にするアジアの感性を組み合わせることに努め，「化粧品を通じて美しさと健やかさを世の中に提供していく」[3]という使命のもとで発展し続けた。

　資生堂が第二次世界大戦前から戦後までの日本の化粧品業界でリーディング・

カンパニーとして発展し続けたのは，絶えず時代の変化を見通し，顧客の立場に立った経営を展開してきたからにほかならないが，とくに次の点が同社の発展を支えた[4]。

第一に，資生堂は研究開発に力を入れてきた。創業者の福原有信は西洋の科学と薬学に，東洋の思想を融合させることに努めたし，その後を継いだ福原信三も「モダンで，スマートで，リッチであること」，「品質・パッケージともに技術，材料，美的感覚のすべてにわたって，最高のものを表現せよ」と常にいっていたという[5]。この2人の考えを引き継いで，資生堂は研究開発に力を注いでおり，それによって時代のニーズに合った高品質の製品を世に出すことができているのである。ちなみに，同社は皮膚科学研究において，現在世界のトップクラスだという。なお，現在国内に2カ所，海外に5カ所の研究所を有している。

第二に，チェーンストア制度が資生堂の発展の原動力になっている。この制度は1923年に資生堂と販売店が「共存共栄」という考えのもとで，お互いに手を携えて事業を行うことを狙いとして導入されたものである。資生堂は日本全国で非常に多くの販売店と契約し，その教育にも多大な力を注いだので，多くの顧客を獲得することに成功した。1990年代後半には，日本全国で2万5,000のチェーンストアを有していたという。

第三に，資生堂はブランド管理面でも優れていた。同社の製品ラインをハイプレステージ，プレステージ，ミドル＆マスという市場カテゴリーでグループ化し，その製品ラインを店頭カウンセリングを通じて販売する製品，顧客がカウンセリングなしに自由に選ぶセルフセレクション製品の2つに分けた。後者はドラッグストア，総合スーパー，コンビニエンスストアで販売し，前者は百貨店や専門店で販売する，というマーケティング手法を採用した。

さらに，資生堂は店頭での顧客とのコミュニケーションを大切にし，顧客との間で信頼関係を築いてきた。デパートや化粧品専門店での美容部員による美容指導とカウンセリング販売を通して，顧客にきめ細かい心のこもったサービスを提供して，顧客を獲得してきた。

こうして，資生堂は日本経済の発展に呼応する形で成長・発展を遂げてきたが，1980年代末になると，日本経済の発展の減速化に伴って，その成長にも陰りがみられるようになった。日本の化粧品市場に海外や異業種から多くの企業が参入す

るようになり，それと並行して，新しいタイプの化粧品の登場，新しい流通チャネルの開発もみられるようになった。また，90年代にはバブル経済が崩壊し，化粧品の売れ行きも急速に鈍化した。消費者の目はスーパーやドラッグストアで販売している手頃な値段の化粧品に向くようになった。さらに2000年になると，高齢化社会が急速に進んだ。この結果，化粧品販売において専門店の占める割合が低下し，資生堂の国内市場に占める割合も次第に低下するようになった[6]。

　こうしたなか，日本の化粧品メーカーも海外に目を向けるようになった。海外では1980年代頃から世界の成長センターがアジアにシフトし始め，アジアの発展途上国が成長をし始めた。なかでも1978年に改革開放策を打ち出した中国は，約13億という膨大な人口を有し，将来において巨大市場となることが予想された。そこで資生堂は早くから国際展開をしていたこともあり，日本の化粧品業界でいち早く中国進出を決定し事業展開を開始した。

　後述のように，資生堂の中国事業は進出当初には多くの難題に直面したけれども，急速に発展し，2010年には同社の年間売上高の10%を占めるまでになった。しかし2015年頃から，同社の中国事業の成長が失速し始め，各店舗で在庫が増加し，それによって利益も低下するようになった。こうして，資生堂は国内事業と海外事業の両方で，かつてのような利益を上げられなくなり，会社全体に沈滞ムードが漂うようになった。社内に「大企業病」的な兆候もみられるようになり，同社は大きな試練を迎え，それを乗り越えることが課題となった。

## 始まった改革：動け資生堂

　日本の化粧品業界で，長らくナンバーワン企業として君臨してきた資生堂は，2010年頃から業績不振にあえぎ，かつてのような輝きを失いかけ始めたため，大担な改革が必要になってきた。そこで2015年に，100年先も輝き続けるために，「世界で勝てる日本発のグローバルビューティーカンパニー」を目指して，中長期戦略「VISION 2020」を策定した。このメインテーマは「動け，資生堂」である[7]。それは同社の社員や組織から，かつてあった野武士のような姿勢や文化が消え，社外からもスピード感のない公家的なおとなしい静的イメージを持たれるようになったので，それらを打破し，2020年までの6年間にアクティブかつスピーディな会社に変身し，顧客に何か新しい価値を提供していこうとするもので

ある。

この「VISION 2020」の目指す姿は，今後のグローバル化，情報化，都市化の進展により，人々の価値観やライフスタイルが変化することを見据え，今後いっそう台頭するアクティブな消費者を中心とする顧客の期待に応え続けるために，質が高く持続的な収益を実現することにある。この姿を実現するために，具体的には次のような取り組みに着手した[8]。

(1) 最適なブランドポートフォリオの構築……強いブランドの育成と各地域に適したマーケティングを実現するため，顧客の購買接点タイプ別にブランド事業（プレステージ，コスメティックス，パーソナルケア，プロフェッショナル）を区分し，そのリポジショニングを行う。

(2) 組織改革……革新的な基盤技術をベースにした製品開発を行うため，現地・現場主義，フラット，スピード，アカウンタビリティの4つの要素を重視した組織を構築する。「ブランド軸（プレスレージ，コスメティックス，パーソナルケアなど）」と「地域軸（日本，中国，アジア・パシフィック，米州，欧州など）」で構成するマトリックス組織の構築，リージョナル・ヘッドクォーター制の導入など。

(3) 投資の強化……持続的な売上成長と利益拡大を目指すために，マーケティング投資，R&D投資と研究員数の拡大，グローバル・イノベーションセンター（日本）の設立，世界各地での商品開発を強化する。

(4) 人事制度改革……組織の活性化と若返りを推進するため，人事制度を見直す。外部人材の登用，日本偏重のポスト配置の見直し，女性の活躍の促進と多様性の強化，若手の登用，選抜型教育の実施，ビューティーコンサルタントの活性化など。

(5) 中国事業の再構築……中国における複雑な組織や市場の変化への対応の遅れなどの課題解決のために，ブランドポートフォリオの再構築，権限の現

地化と現地人材の登用，ビューティーコンサルタント体制の再構築，EC事業の独立化などである。

このような改革は，基本的にはThink Global, Act Local（グローバルな視点で全社経営を考えながら，現地・現場に密着した活動を進める）という考えのもとで，グローバル経営体制を構築し進められている。こうして，一方で世界の各地域に適したマーケティング活動や機動的な意思決定が可能になり，顧客の購買行動や市場変化へのスピーディな対応力を高めると同時に，他方でグローバルな視点からグループ全体の動きをみながら全社経営を行えるようにした。ここに資生堂は，真のグローバル・カンパニーへの道を歩み始めた。

## 2　海外事業展開と現地化戦略

### 海外事業の展開

資生堂は，現在真のグローバル・カンパニーに成長すべく改革を進めているが，もともと海外志向の強い会社であった。初代社長の福原信三は，米国に留学し，フランスでも1年間過ごした経験を有していたため，資生堂が国際化しなければ，同社の化粧品事業はローカル事業にとどまり，将来性がないと考えていた。第二代社長の松本昇も米国に留学した経験を持っており，彼らはフランスの化粧品ブランドが世界中に行き渡っていることも早くから知っていた。このため，同社は早くから海外市場の開拓に乗り出している[9]。

1929年，資生堂は台湾に進出し，台湾全域で広範な流通網を構築した。1936年には米国の百貨店で販売するために，製品を米国に輸出している。しかし，同社の海外事業は第二次世界大戦によって中断する。海外事業の再開は，1957年の台湾資生堂の設立からである。

1960年代になると，資生堂は米国と欧州へ進出する。60年にハワイで化粧品の販売を開始し，62年には販売子会社を設立した。米国本土への進出は65年からである。ニューヨークの百貨店で開催された「極東フェステバル」への招待を受け，同社の商品を宣伝した。その後，資生堂は競争の激しい米国の市場で少しずつ事業を拡大し，70年代半ばまでには約800カ所の取扱店を有するに至った。

欧州への進出については，1963年にイタリアで，翌年オランダで販売を開始している。イタリアでは68年に100％出資の子会社を設立している。

　1970年代後半になると，資生堂は米国，イタリア，香港など，世界各地のデパートや専門店でそれなりの地位を占めていたが，フランスへの進出は80年と遅かった。その進出は，現地の医薬品会社，ピエール・ファーブルからの提携提案に応じる形で始まった。ピエール・ファーブルは資生堂のイタリアでの成功を知っており，同社のスキンケア技術に興味を持っていたからである。

　一方，資生堂はパリでイメージとスタイルのクリエーターとして有名なセルジュ・ルタンスをイメージ・クリエーターに任命した。彼の作成したポスターは資生堂がフランスでイメージを確立するのに多大な貢献をし，資生堂のブランドはフランスで知られるようになった。その後1990年には，100％出資の子会社，ボーデプレステージインターナショナルを設立している。欧州と米国のフレグランス市場に参入するためである。

　さらに資生堂は，1980年に西ドイツで100％出資の子会社を設立し，86年には英国にも進出している。

　1980年代になると，資生堂は欧州と米国で買収にも乗り出した。1986年にフランスの有名なビューティサロン，カリタSAを買収している。同社は有名なスキンケア製品を販売しており，将来のグローバル企業を見越して，スキンケアとフレグランスとを併せ持つ必要があると考えていたのである。また，1988年に米国で，パーマ液のメーカーであるゾートスインターナショナルを買収している。その後も資生堂は米国とフランスで，男性用スキンケアブランド，フェースケア・ボディケアブランドなどの会社を買収している。こうして，資生堂は海外でも次第にマルチブランド戦略を展開するようになった。

　このように資生堂は，早くから国際展開に力を入れ，アジア，米国，欧州へと進出し，海外事業を拡大してきた。化粧品は電化製品や自動車など，いわゆる「文明的商品」とは違い，言語，民族，習慣などの影響を受ける「文化的商品」であるので，その事業展開には進出先の文化，顧客の嗜好やニーズを最優先しなければならない。このため，資生堂は海外市場の開拓に際しては，現地・現場を重視する現地化戦略を展開し，海外の販売子会社や生産会社に権限を大幅に委譲し，その自主性を極力尊重する経営を展開してきた。これは他方において，

日本から派遣された海外駐在員や美容部員の役割が大きくなることを意味している。

## 中国市場への進出

　1980年代になると，世界経済の成長センターがアジアにシフトする傾向がみられるようになった。90年代になると，それがより鮮明になり，世界の企業の目がアジアに向き，多くの企業がアジアに進出するようになった。化粧品業界の企業も例外ではなかった。こうしたなか，資生堂は早くから中国市場に目をつけ，進出を決定する[10]。

　資生堂の中国進出は，1978年から始まった中国の改革・開放政策，とくに外国企業に対する市場開放政策の実施と関係している。当時の中国の一般女性には化粧はもとより，肌を手入れする習慣もほとんどなかった。加えて，文化革命の影響で，化粧は資産階級の低俗な趣味とされる向きがあり，化粧品で中国市場へ参入するのはリスクが高いと考えられていた。

　こうしたなか，資生堂は1981年に中国に化粧品を輸出し，現地で販売を開始する。中国の代表的なホテル，北京飯店などを通じて，主に中国在住の外国人を相手に化粧品を販売した。その後，83年に北京政府機関の要請をうけ，中国で技術供与を開始する。この技術供与では，シャンプーやリンスなどのトイレタリー製品が中心で，それらは「華姿（ファーツー）」というヘアブランドで展開された。この技術提携を通じて，中国における資生堂の信用が高まると同時に，同社の製品の高品質イメージが次第に定着するようになった。

　1991年に資生堂は，グローバル戦略を展開するなかで，中国を一大消費市場と位置づけ，高級化粧品の開発，生産，販売を行う合弁会社「資生堂麗源化粧品有限公司」を設立する。そして，この合弁会社設立から3年後の94年に中国専用ブランド「AUPRES（オプレ）」を開発・販売する。オプレはフランス語で「傍らに，そばに」という意味で，そのネーミングには「中国女性の傍らで美しく生活を彩り，いつまでも愛される商品でありたい」という願いが込められていた。このオプレは100元前後という都市部のOLがちょっと背伸びすれば手の届く価格設定で，都市部のデパートで販売され，中国女性のニーズに応えたので，高級品のブランド・イメージを確立して，多くの女性の憧れの商品となった。オプ

レは2000年のシドニーオリンピック，2004年のアテネオリンピックの中国選手団の公認化粧品にも認定され，名実ともに国民的ブランドに成長した。

　その後，資生堂は中国の経済成長とともに，中国事業を拡大し，1998年に上海に合弁会社「上海卓多姿中信化粧品有限公司」を設立した。ここでオプレより安い価格帯の「Za（ジーエー）」を製造し，中間所得層の本格的な開拓に乗り出した。また，2001年には北京に研究開発センターを設立した。中国人向けの化粧品開発，消費者調査，技術情報の発信のためである。

　2000年に入ると，資生堂の中国事業はいっそう拡大し，農村部を含む内陸部の市場開拓にも踏み出した。そこで，2004年には上海で「資生堂（中国）投資有限公司」を設立し，そこを中心にして中国での事業を統括するとともに，流通ネットワークをも強化するようにした。日本で長年培ってきたボランタリー・チェーン・システムを移植し，本格的な化粧品専門店事業をスタートさせた。デパートは主に沿岸部の大都市を中心に展開し，専門店は内陸部（農村部も含む）を中心にした。デパートや専門店には日本から優秀なビューティーコンサルタントを長期に派遣し，店頭で顧客対応をするとともに，現地人従業員に接客対応や技術ノウハウなどを伝授した。

　2010年代になると，中国における「次なる成長の布石」として，デパートと専門店に続く第3の販売チャネルとして薬局チャネルに着目した。またその専用ブランド「DQ（ディーキュー）」をも発売した。さらに美容室などのサロン事業向けのビジネスも開始した。こうして，資生堂は中国でも多様な流通チャネル戦略を展開し，その事業展開を加速させることになった。

　このように，資生堂は早くから中国市場に進出し，その事業を急速に拡大するようになったが，そのドライビングフォースとなったのは何だったのか。それには多くが考えられるが，最大の要因として現地・現場主義に徹した現地化戦略を展開した点を挙げることができる[11]。

　まず，製品開発についてみると，中国の乾燥しやすい気候や中国女性の美意識にマッチさせた，中国で初の専用ブランド，オプレを開発した。また，中間所得層をターゲットにしたジーエーも製造した。さらに，北京に研究開発センターを設立し，中国人のスタッフが顧客の意見を聞き，さらに低価格帯をターゲットにした中国専用ブランドのウララやピュア＆マイルドを開発した。

次に、販売についてみると、製品と販売チャネルの組み合わせでポートフォリオを構築した点が挙げられる[12]。たとえば、少し高級イメージのあるオプレは大都市のデパート、オプレより少し価格を抑えたジーエーはドラッグストア、ウララは専門店、さらにピュア＆マイルドは小売店やショッピングセンターで販売するようにした。まさに現地の流通チャネルと中国人顧客のニーズに適合した販売戦略を展開した。

さらに、人材の現地化も進めた。資生堂は中国では「高品質、高級イメージ、上質のサービス」に重点を置いたが、これらを中国の顧客に認めてもらうには、店頭で顧客に接する店員の化粧技術、接客の仕方などが重要になる。しかし、中国は社会主義国であったため、顧客に対するサービスの観念はほとんどない。加えて、中国の大半の女性には化粧の経験もない。

このような状況のなかで、顧客の心を引きつけるには、彼女らとのコミュニ

写真 5-1
Brand SHISEIDO中国のカウンター

写真提供　資生堂

写真 5-2
中国におけるプロモーション活動

写真提供　資生堂

ケーションを大事にし，信頼関係を構築する必要がある。それには顧客に高品質の製品と上質のサービスを提供する必要があるが，そのためには現地人従業員を教育・育成することが最も重要になる。そこで資生堂は日本から経験豊富なビューティーコンサルタントを派遣し，デパートや専門店で現地女性に教育して回った。その結果，2004年時点でも，中国で約4,000人のビューティーコンサルタントが育った。現在では約200人の中国人トレーナーが1万2,000人の美容部員を教育しているという。

## 3　ビューティーコンサルタントの役割と活躍

### 海外派遣人材とビューティーコンサルタント

　これまでみてきたように，資生堂は日本の化粧品業界では他社に先駆けて海外市場に進出し，その事業を拡大してきた。とりわけ，中国進出に関しては，当初大きなリスクが予想されたにもかかわらず，いち早く進出し，短期間に驚異的なレベルで事業を拡大し，多くの耳目を集めた。

　資生堂の海外展開の基本方針は，①現地化の推進，②オリジンである「日本文化」の重視，③日本のビジネスモデルの各国に対応した移植という点にある（図表5-1）[13]。現地化は，いうまでもなく，進出先の文化的背景・生活習慣を

**図表 5-1**　資生堂の海外展開の基本方針

> **現地化の推進**
> ・進出国の文化的背景・生活習慣の理解
> ・進出国に適合する製品の開発・製造・販売
> ・現地人従業員の雇用・育成・登用
>
> ＋
>
> **オリジンである「日本文化」の重視**
> ・日本で培った品質と技術および「おもてなし」など
> 　日本的サービスの重視
>
> ＋
>
> **日本の「ビジネスモデル」の各国に対応した移植**
> ・たとえば，ボランタリー・チェーン・システムの移植

出所：東久保和雄氏の講演。一部加筆・修正（国士舘大学「現代産業と企業」2011年12月1日）。

理解し，そこに適合した製品を開発，製造，販売し，現地人従業員を多く雇用すると同時に，彼らを技術者に育成したり，管理職に登用したりすることである。「日本文化」の重視は，製品の品質や技術については，日本で培ったものを大切にすると同時に，顧客への対応については，日本的なサービスの象徴ともいうべき「おもてなしの心」を重視することである。さらに，日本のビジネスモデルの各国への移植は，たとえばボランタリー・チェーン・システムの移植などである。

　海外事業の展開に際して，このような方針を実践していくのは，いうまでもなく日本からの派遣社員である。したがって，資生堂は早くから社内で海外事業担当の組織を設立すると同時に，海外派遣制度もつくってきた。たとえば，同社は，1970年代に「国際部」という組織を設立し，そこで欧米，アジア，海外駐在担当などの責任者が配置され，世界各地の情報収集・管理や販売管理を行っていた[14]。また，1960年代には社内のすべてのセクションから海外に適した人材を探し，選抜するという目的で海外派遣制度もスタートさせている。この制度で選抜され，派遣された人材が資生堂の海外市場の開拓と拡大で活躍し，大きく貢献することになった。

　たとえば，資生堂は化粧品の激戦区であるパリに進出して，そう長い時間がたたないうちにフランス人に認知されるようになったが，当時のパリの有名なデパートのマネジャーは，資生堂の印象を聞かれて，次のようにコメントしている。

　「PR，プロモーション，プレゼンテーション，品質，それに働く人間のクオリティのいずれをとっても均質化していてエラーがありません。これはすばらしいことで，むしろ恐ろしい気がします。」[15]

　ちなみに，資生堂がフランスに進出するきっかけとなったピエール・ファーブルとの提携も，同社が資生堂のミラノを中心としたイタリア北部の経済圏で売上を急速に伸ばしたことを評価したことと関係しているといわれる。このイタリアでの市場開拓も，日本からの派遣社員の開拓者精神をベースとした地道な努力があったからこそである。

　資生堂では，海外市場の開拓にあたっては，初期の頃には海外でも自立ができて自らの力で市場開拓のできる，開拓者精神を持った，いわゆる「野武士」のような人材を派遣した[16]。同社では，このようなタイプの人材に「現地の心」を摑むことも求め，その教育にあたった。資生堂の海外事業を長期にわたりリードし，

後に社長になった福原義春は，次のように述べている。

「ことばは二の次です。たとえば，東南アジアの場合，かなり長期にわたり駐在させても現地語を完全にマスターして帰国するケースはまれです。ことばは片言でも，現地の心をつかんできた方が貴重だと，私は思っているんです。」[17]

「心で売る教育は，ウチは伝統的に徹底させておりまして……。他社の追随を絶対に許さぬことの1つと自負しております。」[18]

資生堂の海外市場の開拓には，このような開拓者精神を持ち，現地の心を摑む男性の派遣社員の活躍もさることながら，またそれ以上に女性の美容部員の活躍もあった。同社の強みは，伝統的に店頭でのカウンセリング販売と顧客の心を摑む丁寧なサービスである。日本では90年ほど前からボランタリー・チェーン・システムを展開してきているが，このシステムが有効に機能し，威力を発揮するのも店頭でのカウンセリングときめ細かいサービスがあるからである。このため，同社では海外派遣社員にも日本的なきめ細かいサービスである「おもてなしの心」を持つよう教育している。前社長の前田新造はいう。「顧客に接するときも，資生堂が培ってきたおもてなしの心で徹底して接客していただく。……肌だけではなく心まで美しく，元気になってもらえるようなサービスを提供する。こうしたコアバリューこそ資生堂の揺るぎない価値といえる。」[19]

この店頭でのカウンセリング販売とおもてなしの心で顧客に接する美容部員は，現在ビューティーコンサルタント（以下，BCと略称）と呼ばれる女性たちである。こうした女性たちは，資生堂が海外で化粧品のプロモーションをしたり，海外拠点をつくるたびに派遣され，顧客にカウンセリングを行うとともに，日本のおも

写真 5-3
BC店頭活動

写真提供　資生堂

てなしの心を伝えてきている。その意味では，彼女たちの仕事や活躍なくして，資生堂の海外での成功はなかったといっても過言ではない。ちなみに，資生堂のBCの草分けの1人である永嶋久子は，1980年に日本航空の「グローバル会員」のなかでも，女性では第1位，男性も含めて第7位にランクされるほど多く海外出張している。

### ビューティーコンサルタントの海外派遣と活躍

　資生堂の海外展開にはBCの果たす役割がきわめて大きい。そのBCとは「いつまでも美しくありたい」と願う女性たちの願いをかなえるために，「化粧品を通じて美しくなっていただく提案」を行う女性従業員を指すが，その活動の基本は次の4点にある[20]。

(1)　顧客一人ひとリの個性とニーズを捉え，肌から入るカウンセリングを実践して，「お客さまのニーズ，お肌をみきわめる」。

(2)　顧客に合ったブランドの特徴を的確に伝えるコミュニケーション力によって，適切なブランド選択の手伝いをする。

(3)　ブランドメンバーを育てる。

(4)　アフターケアを大切にして化粧品の肌への効果や使用方法を確認し，顧客の満足度を確認する。

　このBCは，1934年誕生の「ミス・シセイドウ」に起源を持ち，その後「美容部員」となり，その呼称が化粧品業界で一般的になったので，資生堂のオリジナリティを保つために，1990年に「ビューティーコンサルタント」という呼称が考え出されたものである[21]。その呼称が時代によって変わっても，その活動の基本は変わらず今日まできている。彼女たちは資生堂の日本国内での市場開拓はもちろんのこと，海外市場の開拓でも，まさに「美の伝道師」として活躍している。日本企業ではかつて女性の海外派遣はめずらしく，今日のように多くなかった。その意味では，資生堂の美容部員の海外派遣は，日本の女性の海外派遣の先駆的な事例だといってよい。

　さて，資生堂の美容部員の海外派遣は，1959年から始まっている[22]。戦後の資生堂の海外進出は1957年から始まるが，その2年後に同社はシンガポールに東南アジア向け初の化粧品輸出を行ったが，このとき現地で博覧会が開催され，2人

の美容部員（ミス・シセイドウ）が派遣された。この２人の派遣は成功し，同年現地での販売ルートの確保とセールス・プロモーションのために，別の２人の本社美容部員が２カ月派遣された。

資生堂の化粧品輸出は，その後アジアだけでなく，日系人の多いハワイ，さらに米国本土へと広がった。ハワイではデパートでの販売に加えて，1962年の販売子会社の設立に伴い，現地で美容部員が採用されたが，彼女たちの活動を支援するために，日本から美容部員が派遣された。このとき派遣されたのが，前年に香港に派遣されていた永嶋久子である。彼女は1964年にはタイのバンコクにも出張し，現地で実技サービスをしつつ，約30人の現地美容部員の教育にもあたった。この頃には資生堂では男性社員の海外派遣と並び，本社と販社の美容部員が台湾，シンガポール，バンコク，ハワイなど，各地に応援に出かける時代になっていた。

1960年代には，前述のように資生堂は米国本土と欧州にも進出した。米国では65年に輸入卸売を扱う米国法人「ハウス・オブ・ゼン」（翌年「資生堂コスメティックス（米国）」に改称）を設立し，本格的な米国本土展開を図っていく。しかし，米国では大手の有名化粧品会社が競い合い，日本の化粧品会社の知名度はゼロに等しく，加えて多様な人種・民族の肌やニーズの違いに，資生堂はどのように対応していっていいのか，販売の現場に立つ美容部員は徒手空拳で試行錯誤を繰り返さざるをえなかった。

一方，この時期には欧州へも美容部員の派遣が進んだ。欧州への資生堂の化粧品の輸出が最も早かったのはイタリアであったが，その後オランダ，ドイツ，フランスへと続いた。この欧州で本格的に美容部員が根づくのは1970年代に入ってからである。当時のイタリアのチェーンストアの社長は，次のように語っている。

「ヨーロッパでの資生堂化粧品の販売の成功の陰には日本の美容部員さんの活動が大きく寄与していると思うのです。たとえイタリア語がカタコトしか話せなくても，その熱心さ，真面目な態度，やさしい雰囲気，さらにすぐれたカウンセリング活動がお客さまに強く快い印象を与えている。これからも資生堂化粧品の優秀性や資生堂全体の特徴をさらに理解させていくには，美の普及者としての美容部員の力は大きいですね。」[23]

資生堂の欧州への進出で，エポックメイキングな出来事となったのは，1980年9月にパリの高級デパート，オ・プランタンでのオープニング・プロモーションである。このプロモーションは化粧の本場で，競争も激しいパリにおける資生堂の命運を左右するものであったので，万全の準備のもとで開催された。そのプロモーションにかかわる現地美容部員の教育は，フランス人の美容部長を通して行われた。このため，そのプロモーション前に，彼女を1カ月間日本に呼び，商品や技術指導はもちろん，日本の生活や文化を理解する体験もしてもらい，日本の「おもてなしの心」も知ってもらった。また，日本人2人の本社派遣美容部員，資生堂のメーキャップアーチストも加わってプロモーションが行われた。結果は大成功で，それがその後欧州全体に大きな波及効果をもたらすことになった。

このような資生堂の美容部員の海外派遣は，当初は会社の要請に応じての海外出張という形で行われ，派遣制度としては確立していなかったが，その後社員の海外派遣制度が確立されてから，自ら応募して海外に派遣される美容部員が続々登場することになる。

この美容部員の呼称は，前述のように，1990年にBCとなったが，彼女たちの活動の根底には日本的なサービス，とりわけ日本の「おもてなしの心」があった。海外派遣美容部員の第一号で，世界34カ国で資生堂の事業の立ち上げに携わった永嶋久子は次のように語っている。

「本物の商品を売るには，本物の態度と動作が不可欠なのです。それはとりもなおさず，その人の『心』です。物真似ではなく，日本の伝統の中から生み出され，長い歴史の中でさらに磨かれ，洗練され，育まれてきた商品に，真の日本の『心』を添えることが，私たちの大切な使命ではないでしょうか。」[24]

資生堂の国際展開の広がりとともに，その美容部員・BCの海外派遣もいっそう活発になり，その活動が世界の多くの国に根づくと同時に，その教育研修の機会も深まった。日本において日本人BCの教育をいっそう徹底するとともに，優秀な日本人BCを海外に一定期間派遣し，現地人BCの育成のための教育も行うようになったのである。

## 現地人BCの育成と「おもてなしの心」の伝授

資生堂のBCは，同社の海外事業の拡大とともに増え，その中核ブランド

「SHISEIDO」のBCは現在88カ国と地域で2万人以上が活躍している。彼女たちはさまざまな研修やセミナーに参加し，「接客業の基礎・基本」，「カウンセリング力・技術力」，そして「おもてなしの心」を常に磨き，それらを現場に活かすように努めている[25]。世界各地のBCに美の追求と夢を与えると同時に，そのスキルやおもてなしの心の向上のために，2004年から4年に一度資生堂における「オリンピック」ともいうべき「グローバル・ビューティーコンサルタント・コンテスト」も開催している。また，BCのなかから選抜され，高度な教育を受けた「ビューティースペシャリスト」と呼ばれる女性もいる。

　中国市場の開拓に際しても，日本から派遣されたベテランのBCが活躍すると同時に，彼女たちが中国人BCの育成にも貢献した。前述のように，資生堂は中国事業が軌道に乗ってくると，2020年には中国の化粧人口が3億〜4億人に増えると予想し，農村も含んだ内陸部の市場の開拓にも着手し，日本のボランタリー・チェーン・システムの移植を試みた。この場合，各店舗で顧客を獲得するには店頭でのカウンセリング・サービスがきわめて重要になる。顧客にただ単に化粧品を売るのではなく，その美容相談を受けながら，一人ひとりに合う美容方法と化粧品を提案し，化粧の仕方，肌の手入れの仕方をアドバイスすることが大切になる。当時の中国では化粧をしたり，肌の手入れをしたりする習慣はなく，さらに中国の化粧品店にはもともと顧客と会話を交わし，一人ひとりに合う化粧品を勧めるという習慣もなかった。

　このような状況のもとで，顧客に商品を買ってもらうためには，彼女たちとコミュニケーションをとりつつ信頼されなければならない。顧客から信頼されるためには，その人の立場に立ち，その人のことを思いやる気持ちを持たなければならない。顧客のニーズや気持ち，悩みを摑み取り，それに応え，そして「共に美しくなる」という気持ちを持つことが重要になる。これは，言い換えれば，サービスを提供する側が「おもてなしの心」を持つことでもある。このおもてなしの心が信頼につながる重要なエッセンスでもある[26]。日本から派遣されたBCは，中国の店頭で顧客に対して，このおもてなしの心を大切にしてカウンセリング・サービスにあたった。中国事業の拡大にも力を注いだ前社長の前田新造は，次のように述べている。

　「接客方法の指導でも日本のベテラン美容部員を募って，百貨店や内陸部の専

門店に行ってもらい，従業員や当社の中国の美容部員をOJTで徹底的に訓練する。そのポイントはやはり，おもてなしにある。商品の指し示し方や持ち方などにもこだわり，ひと味もふた味も違う対応の心を伝承していきたい。」[27]

　資生堂が中国で欧米の大手化粧品会社であるロレアルやP&Gと並ぶ国民的なブランドになった理由は，この「おもてなしの心」を持ったBCのカウンセリング・サービスにあったといっても過言ではない。

　一方，いうまでもなく中国は広大で，将来の化粧人口も桁外れに多い。それゆえ，日本人のBCの派遣だけでは限界があり，中国人BCを教育し育成する必要がある。このため，資生堂は日本から派遣するBCには，この任務も課した。しかし，言語，習慣が違い，加えて社会主義国として顧客へのサービスの観念が希薄な中国で，中国人従業員に日本の「おもてなしの心」を伝授するのは並大抵のことではない。そこで資生堂は，日本人のベテランBCを中国に送り込み，OJTで中国人従業員の教育にあたらせた。釣銭や商品の渡し方，お辞儀の仕方，顧客に商品を手渡すとき必ず手を添えるという細かい動作まで，彼女らは自ら店頭でやってみせながら指導をした[28]。このような教育は特約契約を結んだ専門店の経営者や店員も対象になった。

　この結果，確かに時間とコストがかかったが，少しずつ中国人BCが育つようになり，その後さらにビューティーインストラクター（BI）と呼ばれる中国人教育スタッフも育つようになった。現在では日本からのBCの派遣だけではなく，彼女らを通じて中国人従業員に日本の「おもてなしの心」を伝承するようになっている。2008年から上海に研修センターを開設し，中国人のBCやBIの教育にあたっている。

　人間の心，思想，考え方は時代や文化を超える場合もあるが，日本の「おもてなしの心」が中国の人たちに短期間で本当に理解してもらえるかどうか，という疑問もある。同じ文化的背景のもとで育った日本人同士でも，「おもてなしの心」を理解することが容易ではないときもあるのに，文化の違う外国人に，この「おもてなしの心」を理解してもらうのはきわめて難しい。実は資生堂の悩みもこの点にある。したがって，同社では「おもてなしの心」を海外でも伝承させるときには，その意味を具体化するために，サンプルを示す等して「形」から入るなど[29]，いわゆる暗黙知を形式知に転換するような方法も試みている。

## 4　真のグローバル・カンパニーに向けての人材育成

　資生堂は海外市場に進出し始めたときから，現地・現場を重視し，海外生産の段階になっても，現地化戦略を展開してきた。現在同社のグループ社員は約4万5,000人であるが，そのうち外国人は約2万人を占める。海外進出初期には，日本人が派遣され，現地法人のトップになることが多かったが，現在6つの地域本社のCEOのうち，日本人は2人である。事業会社の社長・副社長，幹部クラスでも，日本人よりも外国人の比率が上回っている。しかも，現地に大幅な権限移譲を行い，その自律性を尊重する経営を実践している。

　資生堂は，このような姿勢で海外展開をしてきたがゆえに，日本からの派遣社員も比較的自由に開拓者精神を発揮して海外市場の開拓に邁進できたし，日本人美容部員・BCも現地の顧客の心を摑むサービスを提供することができた。しかし，資生堂が世界の多くの国や地域に進出してグローバル展開し，世界の有力企業と競争を繰り広げるようになると，グローバルレベルのマネジメント力も必要になってきた。そこで，2000年代に入ると，同社は次世代のグローバル人材を育成する教育にも力を入れなければならなくなった。このため，2007年4月には社内にバーチャル大学「エコール資生堂」を設立し，次世代の人材育成のための研修を開始した[30]。

　そのプログラムの1つに，グローバル・リーダーシップ研修があるが，これは本社の部門長や現地法人，関連会社の社長を対象に「資生堂本社で役員を担える人を育成する」ことを狙っている。これにはスイスのローザンヌにある世界的にも有名なビジネススクールIMDでの研修も含まれている。そのビジネススクールへは毎年15人（日本本社社員，海外現地法人社員が半々）が派遣され，世界中から集まるビジネス・パーソンと異文化交流を深めながら，次世代のグローバル・リーダーに必要なマネジメントの知識やスキルを学ぶ。また2011年には，米国，欧州，アジア，中国の4拠点で現地の副社長や幹部を対象に現地法人のトップを育成する「リージョナル・リーダーシップ・プログラム」もスタートさせている。

　資生堂におけるグローバル人材の育成は，2015年から始まった経営改革によっ

ていっそう拍車がかかることになった。この経営改革では，前述のように，Think Global, Act Localという考えで，新しいグローバル経営体制を構築した。この経営体制は，図表5-3にみるように，5つのブランドカテゴリー（プレステージ，フレグランス，コスメティックス，パーソナルケア，プロフェッショナル）と，6つの地域（日本，中国，アジアパシフィック，米州，欧州，トラベルリテール）を掛け合わせたマトリックス組織からなる。しかも，それはグローバル本社とリージョナル・ヘッドクォーターからなる。日本のグローバル本社は取締役会とグループCEOからなり，前者は資生堂グループの業務執行全体を監督し，後者は事業のトップとして各地域本社を監督する責任を持つ。また，リージョナル・ヘッドクォーターは担当地域の事業に全面的に責任を持って，その業務を遂行する。なお，各リージョナル・ヘッドクォーターのCEO6人のうち，日本人は2人，外国人は4人である。1年に1回グローバル・キックオフ・カンファレンスという名の世界会議も開催し，年間の方針などを議論している。2018年1月に開催された「KICK OFF 2018」には世界中から約590人のグループ社員が東京に集まった。

このように，資生堂はグローバルなレベルで責任を持って業務を遂行する人材

図表 5-2　資生堂の地域本社とグローバル本社間のガバナンス構造

出所：「SHISEIDO　アニュアル　レポート」2015年12月。

図表 5-3　資生堂のグローバル経営体制

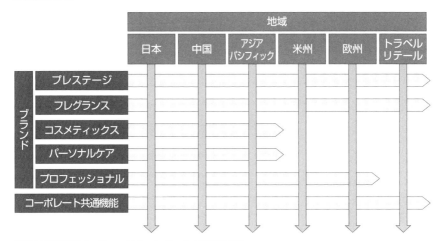

出所：「SHISEIDO　アニュアル　レポート」2015年12月。

写真 5-4
資生堂グループ・グローバル経営陣
写真提供　資生堂

と地域（現地）に責任を持つ人材を明確に分ける体制を構築し，ますます熾烈化するグローバル競争に，よりスピーディにかつ柔軟に対応できるようにした。

　現在，この経営体制のもとで，資生堂はグローバル人材の育成を行っている。ピープル・ファーストという視点に立ち[31]，多様な研修プログラムを実施し，グローバルレベルとローカルレベルで活躍できる人材の育成を強化している。このため，2018年10月から日本本社の公用語を英語にする予定であるし，2019年までにシンガポール，米国，欧州の海外3カ所に人材育成の研修拠点を開設する予定である。この3拠点で年間4,000人程度の研修を行う[32]。

シンガポールの「アジア・ラーニング・センター」では，日本，中国，東南アジアなどから2,000人を受け入れ，そのうち約3分の1が日本人になる見通しだという。そこではリーダーシップなどマネジメント，化粧ビジネスの専門知識などを教える数週間〜数カ月の複数のカリキュラムを準備する。米国と欧州にもそれぞれ同様な研修拠点を開設し，地元の大学との提携も考えるという。

　このように，現在資生堂は「人の力」が会社の成長を牽引するという考えのもとで，グローバルとローカルの両面から人材を育成しようとしている。もちろん，この人材育成に際しては課題も少なくない。たとえば，資生堂は伝統的に製品を「心で売る」教育を重視し，中国市場の開拓の際にもBCによる日本的な「おもてなしの心」を重視してきた。この方法は，確かに中国でも顧客の心を捉え，信頼を獲得し，中国事業の拡大につながった。しかし，今後もこのような方法が奏功するかというと，やや疑問符が付く。まして，今日Eコマースの発展によって，化粧品もネット通販で買う顧客が急増している。もちろん，資生堂もこのようなビジネスに積極的に取り組んでいるが，顧客の価値観，生活スタイル，ニーズが大きく変わる今日の時代に，世界で最も信頼される会社になると同時に，世界で勝てるグローバルビューティーカンパニーへと発展していくには，さらなる人材育成面での改革が必要になる。その改革は始まったばかりである。

[付記]
　本稿の作成にあたって，ご多忙にもかかわらず筆者の調査に快く対応し，また貴重な資料も提供頂いた資生堂特別顧問・弦間明氏と同総務部吉田伸之氏に記して謝辞を申し上げたい。

▶注 ────────

1　魚谷雅彦氏の講演［2018.5.9］「世界で勝てる日本発のグローバルビューティーカンパニーを目指して」第9回早稲田会議，記念講演会。

2　Jones, G.& 神野［2010］，115頁。

3　弦間［2000］，19頁。

4　Jones, G.& 神野［2010］，115-118頁参照。

5　弦間［2000］，98頁。

6　Jones, G. & 神野［2010］, 120-121頁。

7　資生堂の社内資料。

8　注 7 と同じ。

9　Jones, G. & 神野［2010］, 122-130頁参照。

10　Jones, G. & 神野［2010］, 133-144頁, 前田新造氏の講演録［2011.1.18］を参照。

11　週刊ダイヤモンド編集部［2010.2.23］参照。

12　大石［2017］, 164-173頁参照。

13　東久保和雄氏の講演録。

14　塩沢［1987］, 173-175頁参照。

15　塩沢［1987］, 35頁。

16　塩沢［1987］, 第 1 章参照。

17　塩沢［1987］, 55頁。

18　塩沢［1987］, 14頁。

19　前田新造氏へのインタビュー記事『週刊東洋経済』［2009.6.27］, 116頁。

20　資生堂企業文化部［2001］, 189頁。

21　資生堂企業文化部［2001］, 180頁。

22　資生堂企業文化部［2001］, 216-248頁参照。

23　資生堂企業文化部［2001］, 229頁。

24　永嶋［1982］, 229-230頁。

25　資生堂ホームページ。

26　伊丹編著［2013］, 325頁。

27　注19と同じ。

28　注 7 と同じ。

29　伊丹編著［2013］, 327頁。

30　日経ビジネス編［2009.8.24］。

31　注 1 と同じ。

32　日本経済新聞［2018.3.3］。

▶▶参考文献————————

大石芳裕［2017］『実践的グローバル・マーケティング』ミネルヴァ書房。

弦間明［2000］『ともに輝く―21世紀の資生堂―』求龍堂。

肖威［2018］「中国での事業展開とブランド戦略：資生堂」江夏健一・桑名義晴編著

『理論とケースで学ぶ国際ビジネス』同文舘。

塩沢茂［1987］『資生堂国際部』講談社文庫。

資生堂企業文化部［2001］『美を伝える人たち—資生堂ビューティーコンサルタント史—』求龍堂。

張又心バーバラ［2013］「資生堂　日本流の『おもてなしの心』で美を伝える」伊丹敬之編著『日本型ビジネスモデルの中国展開』有斐閣。

永嶋久子［1982］『私のハートビジネス—世界に挑戦した女の物語—』東洋経済新報社。

福原義春［2007］『ぼくの複線人生』岩波書店。

山本学［2010］『進化する資生堂—中国市場とメガブランド戦略—』翔栄社。

Jones, G.＆神野明子［2010］「資生堂：中国市場への参入」ハーバード・ビジネス・スクール『ケース・スタディ日本企業事例集』ダイヤモンド社。

『週刊東洋経済』［2009.6.27］

『日経ビジネス』［2005.2.14，2009.8.24］

東久保和雄講演録［2011.12.1］「資生堂のグローバル戦略」国士舘大学講義「現代の産業と企業」。

前田新造講演録［2011.1.18］「資生堂のグローバル戦略」東洋学園大学第5回現代経営研究会。

週刊ダイヤモンド編集部［2010.2.23］「資生堂グローバル戦略の先兵！中国事業の『強さの秘密』」。

日本経済新聞［2018.3.3］。

資生堂ホームページ。

資生堂の社内資料。

## 第6章 パナソニック
——新興国市場開拓と海外派遣者の役割

| 【会社概要】 | |
|---|---|
| 名　　　　　称 | パナソニック株式会社 |
| 創　　　　　業 | 1918年3月（設立は1935年12月） |
| 資　　本　　金 | 2,587億円（2019年4月1日現在） |
| 従　　業　　員 | 約272,000人（連結）（同上） |
| 連 結 売 上 高 | 8兆0,027億円（2018年度） |
| 主 要 製 品・事 業 構 成 | アプライアンス（エアコン，TVなど），エコソリューションズ（システムキッチン，照明器具など），コネクティッドソリューションズ（システムソリューション，パソコン，プロジェクターなど），オートモーティブ＆インダストリアルシステムズ（自動車関連，デバイスなど） |

　パナソニック（旧・松下電器産業）[1]は，家電，IT製品から自動車・航空機部品，住設機器などきわめて広範な事業・製品を展開し，グループ企業も数多く有している。また海外拠点数の側面でも，日本企業で最も多く有する企業の1つとして知られる。多角化・国際化の双方が著しく進展しているため，組織構造として非常に複雑な企業体となっている。

　そのため，創業者・松下幸之助は人材育成に大きく注力したことで知られる一方，人事制度も非常に複雑になっている。それは全社レベル，事業レベル，海外子会社レベルなど，さまざまなレベルで併存しているためである[2]。したがって，個別の人事制度による影響を測定することは困難である。さらには，人材育成は制度が構築されてすぐに結果が表れるわけではなく，中長期的な時間を要することが考えられる。

　そこで本章では，パナソニックにおけるインド新興国市場開拓において，どのようなグローバル人材が鍵となっているのかに着目するが，その際にグローバル人事制度そのものに焦点をあてるのではなく，主に2人の日本人海外派遣者に焦点をあて，新興国市場開拓における海外派遣者の役割について論じるこ

ととしたい[3]。

## 1 「松下」から「パナソニック」へ

　パナソニックは，およそ100年前の1918年に松下電気器具製作所として，大阪市に創業された。創業者は，松下幸之助である。当初は，従業員がたった数名の家内工業からのスタートであった。まだ家庭内の電気の供給口が1つしかなかった時代に，2つの電気製品を使える「二股ソケット」が大ヒット商品となり，松下電器を代表する商品となった。

　松下幸之助による経営理念，たとえば「水道哲学」や「社会の公器」としての企業といった理念は世界的にもよく知られており，現在のパナソニックの経営理念にも通じるものとなっている。人材育成にも注力したことが知られており，「松下は何をつくる会社かと尋ねられたら，人をつくるところです。あわせて電気器具をつくっております」と答えるべしと，松下幸之助は従業員に命じたといわれたほどであった。

　また，松下幸之助の影響として知られるのが，日本に初めて導入された事業部制組織である（1933年）。特定製品について購買，生産から販売までを一手に担い，利益責任を負うプロフィットセンターとしてこれを導入した。さらに，松下幸之助は，企業がどれだけ危機的な状況になっても，雇用に手をつけなかったこともよく知られた事実である。

　こうした松下幸之助の強いリーダーシップを通じて，企業は飛躍的な成長を遂げたといえるが，他方では，創業者が築き上げたさまざまな制度の意図せざる陥穽の影響が残ることとなった（とくに，製品事業部がプロフィット・センターとなり，権限が集中するなど）。これを大きく改革しようとしたのが，次節で論じる「中村改革」である。

## 2 パナソニックの全社グループ再編と海外事業の位置づけ

### 「中村改革」によるグループ内子会社の再編

　1990年代に入ると，バブル経済崩壊の影響もあり，松下電器の業績は低迷し

ていった。それでも，従業員に危機感はあまりみられなかった。

　しかし，過去にアメリカ松下電器の社長・会長を歴任し，2000年に社長に就任した中村邦夫からみると，それは危機的状況に映った。日本ではこれまでの成功経験から「トップ企業」や「世界の松下」として扱われるが，実際にはそうではなく，しかも内向きなエスノセントリックな組織風土が蔓延していた。中村は当時の状況を以下のように語っている。

　「これまでが成功しすぎたのでしょうね。……（中略）……もう松下に成功した人はいらないのです。常に変わっていく人でないと，ここで生きる資格はもうなしです。」[4]

　そこで中村は，「創業者の経営理念以外，一切聖域のない破壊と創造をする」と宣言し，巨大企業グループとなっていた松下電器の組織改革を実行した[5]。2001年に巨額の赤字を計上するものの，リーマンショックを迎えるまではいわゆる「V字回復」を実現した組織改革を断行した。なお，2000年以降のパナソニックの業績の推移と歴任した社長，会長らを図表6-1に示す。

　続いて，中村は「20世紀の成功体験を否定する思い切った改革」が必要であることを訴求し，それが「創生21計画（2001年～）」として明示化された。「破壊」の対象となったのが，①本社組織の改革，②国内家電営業体制の改革，③事業部制の解体であった[6]。さらに，大規模な本社人員削減や，独立性の高かったグループ5社（松下通信工業，九州松下電器，松下精工，松下電送システム，松下寿電子工業）を100％子会社化し（2002年），事業をドメイン別に再編成するといったきわめて大規模な組織再編を実行した。

　さらには，同じ「松下」の名称がついていながらも，別々のブランドをつくり競合関係にあった松下電工も2004年に連結子会社化し，事業再編を行った。それまで誰も手をつけることのできなかった，松下グループ内での事業の重複，競合を排除し，類似商品を同じ事業ドメインに集結させることを中村は遂行したのであった[7]。

　人材面についてみると，松下電器とグループ5社との間では，人事交流はまったくなされていなかった。人事制度についても，松下グループ内で少なくとも3種類存在し，採用や研修，給与体系，労働組合といった人事慣行や制度が異なっていた。さらには，社員章の色までが違っており，また，グループ内

図表 6-1　パナソニックの業績とトップ・マネジャーの推移

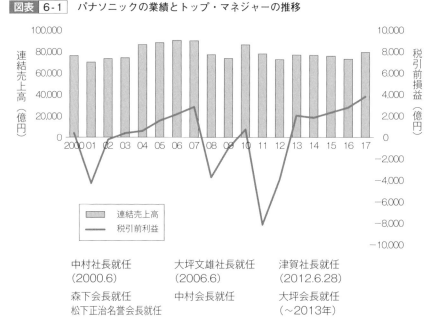

中村社長就任　　　　大坪文雄社長就任　　津賀社長就任
（2000.6）　　　　　（2006.6）　　　　　（2012.6.28）
森下会長就任　　　　中村会長就任　　　　大坪会長就任
松下正治名誉会長就任　　　　　　　　　　（～2013年）

出所：パナソニック有価証券報告書，ホームページから筆者作成。

の企業間での転籍制度が存在しなかった。こうした理由から，グループ内の各企業で人材が硬直化してしまうという現象がおこっていた[8]。

したがって，こうした子会社という垣根を越えた組織再編や人事交流は，それまで誰も実行できなかったことであった。つまり，中村改革の導入によって，後述するインド事業の再生にもつながる契機が訪れたといえるであろう[9]。

## 3　パナソニックのインドにおける事業展開[10]

### パナソニックの海外展開

本節では，パナソニックのインドにおける事業展開について論じるが，その前にパナソニックの海外展開の歴史に若干目を向ける[11]。

1960年代以降，同社では海外展開が本格的に行われるようになり，61年に設立されたナショナル・タイが初めての海外生産子会社であった。当時は，相手

国の事情に配慮し，相手国に歓迎されることこそが海外事業の基本方針であった。

その後，1980年代までに世界各国に生産子会社が設立されたが，そのほとんどは進出国の輸入代替政策に基づいたものであった。そして，進出国の消費者のニーズに応じてあらゆる製品を生産しようと企図された。そのため，複数の種類の製品が生産・販売される海外子会社となり，いわゆる「ミニ松下」と呼ばれる海外拠点が設立されていった[12]。

事業部への大幅な権限委譲の結果，海外子会社の設立についても権限が事業部に委譲され，多数の海外子会社が各国に設立されるという結果を招いてしまった。海外現地法人数は200を超えており，日本企業としては最も多くの海外現地法人を擁する企業の1つである。

そこで，中村社長時代に，「パナソニック（Panasonic）」というブランドがグローバル・ブランドとして位置づけられ，それまで東南アジア，中国，中近東などで用いられてきた「ナショナル（National）」ブランドから，世界共通のブランドとして統一が図られた（2003年）。

続いて，中村の次期社長であった大坪社長の時代に，海外製造拠点に関する「選別ルール」が導入された。これは，業績が一定基準に達しない拠点の統廃合を図るものであり，それまで人員・設備面で重複がみられ，業績が芳しくない拠点が存在したためであった。

## インドにおける事業展開

インドは，1991年に経済が自由化されて以降，経済発展や人口増加も相まって，21世紀に経済的に最も成長する国の1つとして，世界の多国籍企業から注目の的となっている。他方で，インドは28州と7つの連邦直轄地から成る連邦国家である。税率や文化も州によって異なり，使用される公用語も20を越える。したがって，地域ごとの市場の独自性が強く，参入した多国籍企業の多くが撤退を余儀なくされるなど，マネジメントが難しい市場としても知られている[13]。

松下電器は，1972年にインドに初めて参入し，乾電池工場を2社設立した（インド事業の歴史については，章末の付表を参照されたい）。その後，1980〜90年代にテレビやエアコンなど家電製品関連の工場が設立された。

しかし，インド市場での事業では，参入以降，順風満帆な結果を残してきたわけでは決してなかった。同社のインドでの事業展開は，主力製品であったテレビやエアコンなどの家電製品を中心に，日本での売れ筋製品をインド向けに修正し，導入するという方針であった。サムスンなどの韓国家電メーカーの台頭の影響により，2000年代初め頃までには事業の縮小が図られるほどに低迷した。そもそも，パナソニック全社におけるインド市場の重要性が相対的に低かったことも停滞の一因として挙げられると考えられる[14]。

そうしたなかで，2人の日本人海外派遣者の長年の試行錯誤が，パナソニックのインド事業に大きな影響を与えている[15]。

まず，計2回，通算20年以上にわたるインド赴任を経験している麻生英範（現・パナソニック・アプライアンス・インディア社長）である。麻生は，外国語大学のインド・パキスタン語学科を卒業した異色のキャリアの持ち主であり，松下電器貿易に入社後，インドへの赴任を希望した。

1回目の赴任の際（1990〜95年），麻生のミッションの1つは，インドで電気炊飯器を販売することであった。しかし，当時インドには電気炊飯器は存在していなかった。インドでは南部を中心に米を食べる習慣が存在するものの，米を炊く際にガス釜を用いるのが一般的であった。さらに，インド人は，米を炊きながら，同じガス釜で別の食材を蒸したり茹でたりするという調理方法をとっている。パナソニックの電気炊飯器は思うようにはまったく売れず，むしろ麻生が目の当たりにしたのは，段ボール箱にしまわれたままの電気炊飯器が小売店などの棚に積まれているという光景であった。つまり，インド人にとって，電気炊飯器は「値段は高いが使えない」調理器具という存在になってしまっていたのである。

2001年から2度目のインド赴任となったが，インドにおける調理家電事業は赤字で，「2〜3年で事業を再建できなければ撤退もやむなし」という厳しい状況下での赴任であった。麻生はインドの現地スタッフに業務移管できるように，現地化を促進させる業務プロセスの改善を推進した。しかし，インド人社員に業務を任せながらも，松下幸之助の言葉である「任せて任さず」を実行した。

また麻生は，インド各地を訪問し，徹底したインド人の生活・消費調査を行

うと同時に，婦人会などでの炊飯器の試食を実施した。その過程において，大幅な製品の現地化を図った。たとえば，電気炊飯器のなかに，米を炊くのと同時に，野菜や肉を入れてカレーを調理できる「ツー・ウェイ・パン」を取り付けられるようにしたり，米が鍋底にこびりつくことが極端に嫌われることがわかり，底に米をつかなくするプレートも開発した（写真6-1）。

インドは，「15マイルごとに方言が変わり，25マイルごとにカレーの味が変わり，100マイルごとに言語が変わる」[16]ということわざがあるほど，国家内での地域特性が非常に強く表れる。そこで，地域ごとに仕様が異なる「州専用モデル」を開発し，製品やパッケージに用いる言語や色を変えたり，プロモーションにおいても地域ごとで異なる有名人を起用するといったきめの細かい対応を図った。さらには，インドにおけるパナソニック製品の販売代理店を増加させることにも奔走した。

こうしたさまざまな努力を通じて，パナソニックのインドにおける電気炊飯器の販売台数は，1990年代前半には年間約5万台にすぎなかったが，2012年には100万台を達成した。近年では，炊飯器を44カ国に輸出する主幹工場となり，日本にも輸出するほどに成長している。その生産台数は，累計1,000万台を超えるまでに至っている[17]。

したがって，麻生らによる市場開拓によって，パナソニック・インディアの停滞期を打ち破る契機がつくられたといえるであろう。というのも，インドには存在しなかった電気炊飯器を浸透させ，新規市場を築き上げたからである。

写真 6-1
インド市場向けの電気炊飯器

写真提供　パナソニック

第二の人物が，伊東大三（現・常務執行役員，インド・南アジア・中東阿地域 総代表）である。松下電器貿易に入社し，イギリス拠点，パナソニック・タイランド（タイ子会社）社長などで海外事業のキャリアを歴任した後，2008年よりパナソニック・インディアの社長に就任した[18]。

　伊東がパナソニック・インディアにおいて果たしてきた重要な役割は，旧来型であったインド子会社のマネジメントを大きく変革したことである。具体的には，第一に，意思決定の現地化を図り，きわめて迅速に意思決定が行われるような仕組みを実現した。第二に，製品レベルでの現地化を大きく推進した。第三に，広告などのプロモーション面での現地適応を図った。第四に，現地幹部人材の登用を図り，続く現地人材に対してキャリアパスを明示したということである。以下，順にみていくことにする。

### (1)　意思決定の現地化

　インドで成功している韓国企業（LG，サムスンなど）に対抗するために，日本本社ではまず行われない戦略転換を図った。つまり，コスト面での対抗を図るために，製造を自前で行うのではなく，外部企業へのODM（委託設計・製造）を行うという方式である。本社からは反対意見が強く出されたが，インド子会社での「自己完結経営」を目指し，中国企業へのOEM，ODMの全面活用を図った。また販売面では，インド企業との連携を図った。

　インドでは製品ライフサイクルのスピードが速く，スマホ事業では次々と新製品を投入することが求められる。そのため，社外の製造業者に委託するという意思決定を行ったが，そのような試みはパナソニック全体では当時ほとんどなく，「異端者扱いされる」ような状況であった。

　自己完結経営を徹底した結果，本社の意思決定を逐一仰がなくても，伊東や後述するマニッシュ・シャルマ（Manish Shalma；パナソニック・インディア社長）の承諾が得られれば，事業推進をすることが可能になった。その結果，日本では2012年に撤退したスマホ事業についても，インドでの商機（その後はアフリカ市場も含めて）があるという判断から，2013年にインド市場への参入が行われた。

## (2) 製品開発の現地適応

上述した炊飯器の成功事例を皮切りに，他の製品でもインド人消費者のニーズに適合させた製品開発が重視されるようになった。

インド人のみで開発活動を実行するボリュームゾーン・マーケティング・センターが設立され，現地人ニーズがインド人によって探究されている。「商品企画に日本人が入ると，日本人発想で余計な変更をしてしまう」[19]という理由で，インド人のみで考案することが重視されている。

たとえば，インド人の住宅に入り込み，エアコンにかかわるニーズ調査を行った。その結果，エアコンを付けっぱなしにする傾向があることや，プロペラ状のファンが各家庭にあり，リモコンや気流調整機能を必要としていないことがわかった。そこで，そうした機能を省いたモデルである中間層向けエアコン「キューブ」を開発した。こうして，従来の日本向けモデルを展開するのではなく，インド向けの製品を新たに創出するという開発手法が浸透していったといえる[20]。

他の製品事例でも，先進国では想像のつかないインドならではのニーズに徹底的に適応した製品を次々と開発している。たとえば，ドライヤーで髪の毛が燃えるかもしれないと思っていたインド人に対して，最高温度を下げたドライヤーを開発した事例，停電が頻発する現地環境に対応して，停電した時点から再スタートできるように開発したDVDプレーヤーや洗濯機を販売するといった事例がある。洗濯機については，インド人がよく食するカレーやソースの汚れ向けの専用モードが搭載されている（写真6-2）。さらには，低所得者でも資金を多くかける慣習のある結婚式で，開催される夜間でも多くの参列者が画面に収まるように広角で，かつ高画質なレンズを採用したビデオカメラを投入し，市場シェア1位を獲得した事例が挙げられる（写真6-3）。

## (3) プロモーションや流通チャネルの現地適応

インドでの知名度を向上させるために，インドの国民的スポーツであるクリケットのチームのスポンサーとして名乗りをあげた。また，同様にインド国内で人気の高いボリウッド俳優（ランビール・カプールやカトリーナ・カイフ）をブランド・アンバサダーに採用したり（2008年〜），インド南部のタミル語

などといった15の地方言語で販促物を製作し，インドならではのきめの細かいプロモーション活動を行っている[21]。

また流通チャネルの面では，各地での専売店網の拡充を強化した。インドにおける家電の流通チャネルは，90％以上を小規模販売店が占めており，こうした販売店を通じたパナソニック製品の販売促進には非常に大きな労力がかかる。また代金の回収も大きな課題となっていた。そこで，専売店の数を増強させることに注力した。

これらの現地適応の強化が実を結び，パナソニックにおけるインドの売上高は，2009年から2015年までの間に約4倍近くに急増した。

なお，インド事業の再生については，2012年に大坪社長に続いて社長に就任した津賀一宏も大きな役割を担っている。すなわち，インド事業に対して従来

写真 6-2
インド市場向け洗濯機

プログラムに"Sari"や"Curry"などの文字が記載されている。

写真提供　パナソニック

写真 6-3
結婚式で使われているビデオカメラ

写真提供　パナソニック

にはない手法を採用したのである。「戦略国」としてインドを選定し，インド事業を特別扱いすることを社内外に明確に打ち出したのであった。

　インドへの海外派遣者の選抜にあたっては，既存の手法ではなく，新たな視点・考え方を持つ人材を抜擢する手法が採用された。「インドで事業を創る。事業創造の挑戦者求ム」と社内イントラネットで募集を図ったところ，異端児的な人材が手を挙げてきた。応募した80人から10人が選抜され，なかには小学校教員経験者，事業部に所属した経験のない研究者などユニークな人材が集まった。こうした異端な人材が，インドにおける新規事業創造の一翼を担うことになったと考えられる。

　そして，意思決定がインド現地で迅速に行われる体制が築き上げられた。さらに2014年には，本社役員がインド拠点に駐在することが決定された。米国子会社に駐在経験のある山田喜彦が本社役員として，インド子会社に駐在するようになった。

(4)　現地の優秀な人材の登用・活用

　伊東はコア人材のローカル化にも力を注いだ。伊東が本社執行役員に登用されることとなり，その後パナソニック・インディアの社長に就任したのが，インド人であるマニッシュであった（2016年）[22]。マニッシュが採用されたのはインドにおけるハイアールやサムスンでの勤務経験があり，そうした経験もかわれてのことであった（写真6-4）。

　さらにその後，マニッシュは本社役員に異例の早さで抜擢され，日本人以外のアジア人として初めて，本社執行役員に就任した（2016年）。

　伊東の構想は，「インドに日本企業を創りたいのではなく，インド企業を創りたい」ということであり，その志の高さがうかがえる。

　本社から派遣される日本人に対しても，「インド人の感性と日本人の感性を融合してほしい」と語っているという。それは，ローカリゼーションの前にハーモナイゼーションがあり，インド人と日本人がハーモナイズすることで，最終的なローカリゼーションができると考えている。したがって，パナソニック本社で何年働いたという経歴は必要なく，日本人である以上に，もっと自分を出して欲しい，と考えている[23]。

写真 6-4 インドでのスマートフォン新製品の発表会（左から２人目がマニッシュ）

写真提供　パナソニック

## 4　本社－海外子会社間の関係と海外派遣者の役割

　ここで，本社と海外子会社間の組織間関係についてみると，1980年代までは，日本の松下電器内の各製品事業部や松下電器貿易が各海外拠点を集権的にコントロールしていたことが明らかとなっている[24]。日本企業では，コミュニケーションの面での本社との調整役を担うために，日本人の海外派遣者が数多く海外子会社に駐在する特徴があることが指摘されてきた。

　こうした日本企業特有の慣行についてはメリットとデメリットが存在するが，パナソニックのインド子会社の近年における組織体制は興味深い仕組みを内包していると考えられる。

　つまり，子会社に単なる権限委譲を行って，自由に任せるというわけではなく，本社役員クラスの人材を重点国（戦略国）の海外子会社に常駐させることによって，コントロールを一定程度強化すると同時に，意思決定のスピードを速める結果となっている。この役員常駐による意思決定の現地化は，日系多国籍企業においては比較的新しいパターンの１つといえよう。

　その結果，インドのスマホ事業の事例のように，当初は全社戦略と合致しない場合であっても，重点国の環境に合った独自の事業開発を認めている。そして，その後，中東やアフリカへのスマホ事業のハブ拠点として，インド拠点が発展していったということも生じているのである。

　こうしたインド子会社における組織変革は，上述した２人の海外派遣者による功績が大きいと考えられる。この２人は，長年にわたっていわゆる国際畑の

キャリアにおける経験を積んできた。麻生は，インドへの2回の長期的な駐在経験を有している。また伊東も，イギリス，タイにおける国際キャリアを積んだのちに，インドへの赴任となった。伊東はインド赴任当時，インドにおけるパナソニックの知名度がタイにおけるそれとは大きく違うように感じられたと述べているように[25]，複数の海外法人を経験しているからこそわかる事象が存在するのである。したがって，こうした「複数文化」に接したマネジャーの経験を活かせるかどうかは重要なポイントであると考えられる。

なぜなら，複数文化の経験を有するマネジャーは，文化を跨がる組織におけるコミュニケーションを促進したり，コンフリクトを解消したりしうる点で，文化間の組織内メンバーを取りまとめる役割を担うことがあるからである。したがって，複数文化間のバウンダリー・スパナーとしての役割を担う可能性がある[26]。

伝統的には，海外派遣者の役割として，①経営・技術に関する知識の本社からの移転，②現地マネジャーの育成，③国境を越えた経営理念の移転などが挙げられてきた[27]。とくに，日系多国籍企業の場合，強いとされてきた生産技術といった所有特殊的優位を海外拠点に移転させるために，日本国内からものづくりに関する技術・ノウハウの移転や，そうした移転を下支えする経営理念や経営手法に関する移転を重視する傾向にあった。したがって，1990年代までの時点では，海外派遣者の役割として，新たな事業を創造することはさほど重視されてこなかったという経緯がある[28]。

しかし，インドのような新興国市場においては，本国拠点が有する所有特殊的優位を修正させるだけでは通用せず，ゼロから当該市場のニーズに適合した優位性を構築する必要がある[29]。あるいは，潜在的な消費者ニーズを掘り起こすことによって，その国には存在しない新たな市場を構築することが求められる。そうした活動を実行したり，支援することが，新興国への海外派遣者には新たに求められるようになったといえる。

麻生や伊東は，十数年以上という長年にわたり，複数回の海外赴任を経験している。また，両者とも営業畑の出身であり，赴任先の市場や顧客ニーズをより深い次元から理解しようとつとめていることがうかがえる。

さらに伊東も麻生も，赴任国の経験のみに没入することなく，別のコンテク

ストからの視点も用いることによって，複数からの視点で特定市場のコンテクストを理解しようとしている。

　その結果，伊東の本社に対する働きかけによって，本社 - 海外子会社間の組織間関係にみられた慣性が大きく打ち破られるようになった。とくに，伊東が意思決定の迅速性を主張し，それを実現させたことはパナソニックの海外経営に大きく貢献したといっても過言ではないであろう[30]。

　パナソニックのインド子会社におけるこうした新たな取り組みの導入は，近年，さらなる展開を迎えている。それは，研究機能のさらなる強化を通じた，インドからのビジネスモデルの発信である。新たな研究機能として，2017年に「インド・イノベーションセンター」が設立された。タタ・グループの企業と共同で設立したものであり，優秀な理系人材を採用して活躍できるような場をつくった。

　インド・イノベーションセンターには3部門（オープンイノベーション推進部門，技術開発部門，イノベーティブ事業創造部門）が設置されている。このうち，オープンイノベーション推進部門は，インドの優秀な工学系人材を活用しようと企図されたものである。

　インドでは，自然環境，治安，健康，インフラ網など数々の社会問題が存在しており，そのなかでパナソニックならではの独自のビジネスモデルをインドから発信することが企図されている[31]。


　本章で論じたパナソニック・インディアの事例は，いかに優れたグローバル人材を育成・獲得できたとしても，そうした人材を海外子会社において活用できるような組織体制（たとえば，本社 - 海外子会社間の関係性）を確立することがいかに重要であるかを教えてくれる。つまり，本社によるグローバル人材育成向けの施策づくりは重要であるが，それと同時に，そうした育成された人材がどのように活躍しうるのかを予め計画しておき，またキャリアパスなどを明示しておく必要があることも示唆されていると考えられる。

　パナソニックのこうした取り組みは，インドからすでにアメリカなど他の海外子会社にも拡がりをみせている。日本企業の海外子会社マネジメント手法の1つとして，大いに示唆に富んだ事例といえるであろう。

第6章　パナソニック　115

付表　パナソニック・インディアに関する年表

| | パナソニック・インディア | パナソニック全社の関連する事象 |
|---|---|---|
| 1972 | 現地法人として，現地資本と合弁ではじめて設立（乾電池の製造会社を2社）。 | |
| 1988 | インド松下電化機器（現・パナソニックアプライアンスインディア：PAPIN）をチェンナイに設立。 | 松下電器産業と松下電器貿易が対等合併。この時点までは，生産拠点は松下電器産業の海外事業本部が，販売拠点は松下電器貿易が主として管轄を行った。 |
| 1989 | | 松下幸之助氏，死去。 |
| 1990 | PAPIN，インド向けに電気炊飯器の量産を開始。 | |
| 1997 | エアコン製造の子会社，インド松下エアコンを合弁で設立。 | |
| 2000 | | 中村氏，社長就任。 |
| 2003 | | 「Panasonic」がグローバル・ブランドとして統一される。 |
| 2006 | エアコン製造子会社を清算。 | • 大坪氏，社長就任。中村氏，会長就任。<br>• 海外製造拠点に関する「選別ルール」を導入。業績が一定基準に達しない拠点を統廃合した。 |
| 2007 | 松下電工，アンカーエレクトリカルズ（インド最大の電設資材メーカー）を買収。 | |
| 2008 | • これまであった複数のインド現地法人を統合し，パナソニックインディアを設立。<br>• 伊束氏，パナソニックインディア社長に就任。 | • 社名を，「松下電器産業」から「パナソニック」に変更。<br>• 製品ブランドを「パナソニック」に統一。 |
| 2010 | 本社直轄プロジェクトとして，「インド大増販プロジェクト」がスタート。 | |
| 2011 | | パナソニックが，パナソニック電工，三洋電機を子会社化。 |
| 2012 | 炊飯器の年間販売台数が100万台を突破。 | 津賀氏，社長に就任。大坪氏，会長に就任。 |
| 2013 | • パナソニック初の戦略国に，インドを認定。<br>• 本社の決裁なしに，商品企画，開発，生産，販売という一連のプロセスを完遂できるような仕組みを構築（大幅な権限委譲）。 | カンパニー制を導入。 |

| | | |
|---|---|---|
| | • エアコンの現地生産を再びスタート。洗濯機の現地生産を開始。携帯電話事業も開始（日本本社は撤退したにもかかわらず）。<br>• マニッシュ・シャルマ氏をパナソニック・マーケティング・インディアのmanaging directorに登用。 | |
| 2014 | • パナソニック取締役（海外戦略地域担当役員）がインドに常駐し，大幅に権限が委譲される。<br>• インド拠点が，地域統括機能として，中東・アフリカ事業も担当することに決定。 | インドの新規事業立ち上げの人材を社内公募。 |
| 2016 | マニッシュ・シャルマ氏が，パナソニック・インディアの社長に就任。 | • マニッシュ・シャルマ氏が，本社の執行役員に最年少でかつインド人として初めて就任。 |
| 2017 | • インドアプライアンス社に，インドR&Dセンターを設置（インド市場向けの設計部門の強化）。<br>• バンガロールにタタ・エルクシーと共同で，アプライアンスをグローバル展開できる技術開発拠点新設。 | |
| 2018 | 炊飯器の累積生産台数が1,000万台を突破。 | |

出所：社史，パナソニックホームページ，各種二次資料などから筆者作成。

## ［付記］

　本章の執筆にあたっては，パナソニック広報部に写真提供などでご協力を賜った。またJSPS科学研究費（基盤研究（c），16K03906）に基づく助成を受けている。記して感謝申し上げたい。

▶注 ———————

1　旧来の社名である「松下電器産業」は，2008年に「パナソニック」に社名を変更した。しかし本章では，混乱を避けるために，必要がある場合を除き，「パナソニック」に統一して表記することとする。

2　海外法人に関する人事制度については，さまざまな先行研究でも論じられており，たとえば安積［2009］，中村［2012］，上田［2014］などを参照されたい。

3　なお文中における人名については，敬称を省略させて頂く。

4 『日経ビジネス』2001年5月28日号，27頁。

5 松下電器産業［2008］，伊丹ほか［2007］。

6 松下電器産業［2008］，315頁。

7 兒玉［2007］。

8 兒玉［2007］，73頁。

9 中村改革以降，2007年まで業績は回復基調にあったが，リーマンショックや東日本大震災を経て，プラズマディスプレイ事業における莫大な投資や三洋電機買収が影響したこともあり，数千億円を超える巨額の損失を3度計上することとなった（図表6-1）。

10 麻生英範，伊東大三，シャルマの各氏の言説については，以下の二次資料に基づいている。

麻生英範：「私を変えた，インド。18年間の苦闘日記」（2014年6月26日以降連載）（http://ibcjpn.com/bg_manufacturing/2014/06/26/私を変えた，インド。18年間の苦闘日記/），「産経新聞」，2016年12月18日。

伊東大三：日経XTECH「パナソニックのインド事業を立て直したキーパーソンに聞く（前編，後編）」（http://tech.nikkeibp.co.jp/dm/atcl/column/15/072000120/082100002/）

Manish Sharma：financial expressのインタビュー記事(http://www.financialexpress.com/lifestyle/we-lost-a-lot-of-time-opportunities-manish-sharma-president-ceo-panasonic-india/1088465/)

11 松下電器産業の海外展開に関わる文献としては，たとえば下谷［1998］，堀［2000］，Bartlett & Ghoshal［1989］が挙げられる。また，2000年から6年間にわたる松下電器全社レベルの改革については，伊丹ほか［2007］が詳しい。

12 松下電器産業［2008］，90-91頁。

13 インド市場で「成功」と称される事例はスズキ，ソニーなどわずかにとどまっており，撤退した企業が数多く存在している（たとえば，NTTドコモ，第一三共，日本ガイシなど。「日本経済新聞」，2014年4月29日）。

14 伊東大三へのインタビュー（日経XTECH）およびManish Sharmaへのfinancial expressのインタビュー記事による。

15 もちろん多くのパナソニック・インディアの方々によるさまざまな活動により，同社の業績が改善されたことはいうまでもないが，ここではそのなかで一部の方々に焦点をあてて論じる。

16 インドの公用語はインド憲法で22あると定められており，方言に至っては約2,000も存在する。

17 パナソニック　ホームページ（https://news.panasonic.com/jp/press/data/2018/09/jn180919-3/jn180919-3.html）を参照。

18 その後，本社常務執行役員とインド・南アジア・中東阿地域総代表に就任している。パナソニック・インディアの社長は，後述するシャルマが就任した。

19 戸川尚樹「売上高2000億円の達成は見えてきた　パナソニック　インド　伊東大三社長に聞く」「日経ビジネスONLINE」［2011年10月6日］（https://business.nikkeibp.co.jp/article/world/20111003/222977/?P=2&mds）。

20 「日経ビジネスONLINE」［2011年10月6日］，「日経MJ」2012年1月4日。

21 「日本経済新聞」，夕刊，2010年12月14日。

22 マニッシュは，別のインド子会社（パナソニック・マーケティング・インディア）の社長には，2013年時点で就任している。

23 『日経XTECH』，2017年8月28日。

24 Bartlett, C.A. & S. Ghoshal［1989］，松下電器産業［2008］。

25 須貝［2014］。

26 Hong, H.J.［2010］。

27 Edstrom, A. & J.R. Galbraith［1977］。

28 桑名・山本［2012］。

29 Govindarajan, V. & C. Trimble［2012］。

30 最近では，伊東とシャルマが承認しさえすれば，日本本社の承諾を得ずに事業をスタートできるほどに，意思決定権限が付与されている（『日経XTECH』）。

31 「日経産業新聞」，2018年1月15日。


▶▶参考文献

安積敏政［2009］『激動するアジア経営戦略』日刊工業新聞社。

Bartlett, C.A. & S. Ghoshal［1989］ *Managing across Borders: The Transnational Solution*, Harvard Business School Press. （吉原英樹監訳『地球市場時代の企業戦略』日本経済新聞社，1990年）。

Edstrom, A. & J.R. Galbraith［1977］"Transfer of managers as a coordination and control strategy in multinational organizations," *Administrative Science Quarterly*, 22（2），248-263.

Govindarajan, V. and C. Trimble [2012] Reverse Innovation: *Create far from home, win everywhere*, Harvard Business Review Press. (渡部典子訳『リバース・イノベーション』ダイヤモンド社, 2012年)。

Hong, H.J. [2010] "Bicultural competence and its impact on team effectiveness," *International Journal of Cross Cultural Management*, 10 (1), 93-120.

堀正幸 [2000] 『松下の海外経営』同文舘出版。

伊丹敬之・田中一弘・加藤俊彦・中野誠編著 [2007] 『松下電器の経営改革』有斐閣。

加護野忠男 [2016] 『松下幸之助　理念を語り続けた戦略的経営者』PHP研究所。

兒玉公一郎 [2007] 「事業構造改革」, 伊丹敬之ほか編著 [2007] 『松下電器の経営改革』有斐閣, 49-94頁。

桑名義晴・山本崇雄 [2012] 「日本の多国籍企業の新規事業開発と組織・人材マネジメントの変革に向けて」, 『世界経済評論』56 (3), 42-48頁。

中村好伸 [2012] 「パナソニックのグローバル人材育成」, 『中央大学企業研究所研究活動年報 2012年度』, 24-39頁。

Pinchot, Gifford III, [1985] *Intrapreneuring: Why You Don't Have to Leave the Corporation to Become an Entrepreneur*. University of Illinois at Urbana-Champaign's Academy for Entrepreneurial Leadership Historical Research Reference in Entrepreneurship. (清水紀彦訳『社内企業家』講談社, 1985年)。

松下電器産業 [2008] 『社史　松下電器　変革の三十年　1978-2007』。

下谷政弘 [1998] 『松下グループの歴史と構造』有斐閣。

須貝信一 [2014] 『インドでつくる！売る！　先行企業に学ぶ開発・生産・マーケティングの現地化戦略』実業之日本社。

上田眞士 [2014] 「グローバル人事制度の展開と組織業績管理—若干の方法的検討とパナソニック社事例調査からの中間的知見」, 『評論　社会科学』Vol. 108, 39-68頁。

Williams, C. & S.H. Lee [2011] "Entrepreneurial contexts and knowledge coordination within the multinational corporation," *Journal of World Business*, 46, 253-264.

# 第7章 ナブテスコ
## ——内なる国際化とジャパン・スタンダード

| 【会社概要】 | |
|---|---|
| 名　　　称 | ナブテスコ株式会社 |
| 設　　　立 | 2003年9月29日 |
| 資　本　金 | 100億円 |
| 従　業　員 | 単体：2,256人，連結：7,591人（2017年12月末時点） |
| 連 結 売 上 高 | 2,824億円（2017年12月期） |
| 連結営業利益 | 295億円（2017年12月期） |
| 主 力 製 品 | 精密減速機，自動ドア，航空機器，鉄道車両用機器等 |

「新卒採用の3割を外国籍人材にする」

2005年某日，松本和幸社長（当時）は総務・人事本部長に対し，従来までの方針とはまったく異なる新たな採用指針を指示した。背景にあったのは，事業の国際化である。日本国内は人口減少局面にあり，今後国内市場の大幅な拡大を望むことは難しい。このような状況のなか，海外市場へ新たな活路を求める必要があった。

そして，この一言をきっかけとして，ナブテスコは日本法人における新卒採用において外国籍人材の登用を積極的に進めていくことになる。しかし，外国籍社員をほとんど採用したことのなかった企業にとって，新卒採用の3割を外国籍社員にすることは容易なことではない。いかにしてナブテスコはこの課題に取り組んできたのだろうか。

ナブテスコの事業概要と海外展開について概観したうえで，ナブテスコの外国籍社員のマネジメントについてみていくことにする。

## 1 事業概要

### 事業統合の歴史

　ナブテスコ株式会社（以下，ナブテスコ）は，2003年に株式会社ナブコ（以下，ナブコ）と帝人製機株式会社（以下，帝人製機）が経営統合して誕生した。ナブコは1925年，株式会社神戸製鋼所・発動機製造株式会社（現ダイハツ工業）・東京瓦斯電気工業株式会社（1939年に日立製作所に吸収合併）の3社の合弁会社として誕生した。当初は鉄道用ブレーキ装置を手掛けていた。その後，1933年に自動車用オイルブレーキ装置，1949年に油圧機器，1953年に車両および建物用自動ドア，1963年に舶用制御装置へと事業領域を拡張していった。もう一方の帝人製機は，1944年に帝国人造絹絲（現帝人株式会社）より分離独立して誕生した。当時は，航空機部品を主力事業としていたが，その後1945年に繊維機械，1961年に建設機械用機器へと事業領域を広げていった。

　このように異なる歴史を歩んできた2社が経営統合を行った背景には，1990年代の終わりから2000年代の初頭にかけての建設機械業界における不況がある。この不況を乗り越え，「売上高1,000億円企業となる」という思惑が一致し，2003年に両社は経営統合した。

### 4つの事業セグメント

　ナブテスコの業績は堅調であり，2017年度（2017年12月期）の連結売上高は2,824億円，営業利益は295億円を記録しており，営業利益率は10.4％となっている。その推移という点でみても，図表7-1に示すように，リーマンショックに見舞われた2009年度（2010年3月期）に業績を落としているものの，きわめて順調である。このように長期にわたって順調な業績を記録しているが，なかでも注目に値するのは営業利益率である。ナブテスコの営業利益率は10.4％であるが，これは製造業の平均4.4％の2倍以上である[1]。

　こうした高い営業利益率を記録している要因の1つは，「集中と選択」という経営戦略にある。採算性の低い事業に関しては，厳格な基準に基づいて売却もしくは撤退をしているのである[2]。実際に，1999年には乗用車オイルブレー

**図表 7-1** ナブテスコの業績推移

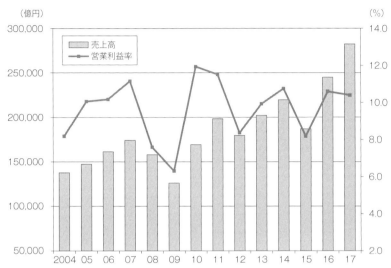

注：2014年度までは3月決算であり，2015年度以降は12月決算となっている。そのため2015年度の売上高は減少している。
出所：ナブテスコ『有価証券報告書』各年度版に基づいて作成。

キ事業をボッシュブレーキシステム社へ売却している[3]。ナブコにとって乗用車ブレーキ事業は1937年から従事している，伝統ある事業であった。そのほかにも，2008年にドライ真空ポンプ事業から撤退，2009年にはインドネシアにて自動車・自動二輪車用部品の製造・販売を手掛けるP. T. Pamindo TigaT社を売却した。こうした事業の選択と集中の結果，ナブテスコの事業は4つの事業へセグメントされている[4]。

(1) コンポーネントソリューションセグメント：同セグメントは，精密減速機器事業と油圧機器事業から主に構成される。2017年度の同セグメントの売上高は1,139億円で，全体の40％を占めている[5]。

　　精密減速機器の競争力はとても高く，中大型産業用ロボット向け（関節用途）で世界市場の約60％，工作機器向け（ATC駆動分野）では国内市場の約60％の市場シェアを占めている。油圧機器事業では，パワーショベル用走行ユニットを提供しており，世界シェアの25％を占めている。

(2) トランスポートソリューションセグメント：同セグメントでは，鉄道車両用機器事業，航空機器事業，商用車用機器事業，舶用機器事業を展開している。2017年度の同セグメントの売上高は791億円で，全体の28％を占めている。

鉄道車両用機器事業では，ブレーキシステムやドア開閉装置を提供している。商用車向け事業では，ウェッジチャンバーやエアドライヤーなどのエアブレーキ装置を提供しており，舶用機器事業ではエンジン制御装置を提供している。これらの装置は競争力が高く，鉄道用車両向けブレーキシステムが50％，鉄道車両用ドア開閉装置が70％，商用車用ウェッジブレーキ用チャンバーが70％，商用車用エアドライヤーが75％，舶用エンジン遠隔制御システムが50％の国内シェアを誇っている。

また，航空機器事業ではフライト・コントロール・アクチュエーション・システム（FCAS）や電源システムなどを提供している。FCASとは，航空機の飛行姿勢を制御する機能を果たすシステムである。FCASでは，ボーイング社を主とする民間機向けのほか，防衛産業向けに事業を展開している。

(3) アクセシビリティソリューションセグメント：同セグメントは，自動ドア事業を展開している。2017年度の同セグメントの売上高は724億円で，全体の26％を占めている。

図表 7-2 鉄道車両に採用されるナブテスコの技術

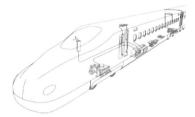

ナブテスコの技術は，ドア開閉装置や車体傾斜電磁弁装置など新幹線のさまざまな部分で用いられている。
出所：ナブテスコ提供資料。

自動ドア事業では「NABCO」ブランドで1956年に国産第1号の自動ドアを製造し，2017年現在で建物用自動ドア事業の国内シェア約50％，世界シェアの約20％を占める。このほか，鉄道駅のプラットホームドア事業では，日本をはじめ香港やパリの地下鉄などで採用されている。

(4) マニュファクチャリングソリューションセグメント：同セグメントの主
要事業は，包装機事業である。2017年度の同セグメントの売上高は170億
円で，全体の６％を占めている。

　包装機事業では，充填包装に必要な自動計測器，包装機，包装関連シス
テム機器を扱っている。とくに，レトルト食品用の充填包装機は世界初の
製品であり，国内シェア約85％を占める。

## ニッチ市場と顧客との関係性

　ナブテスコの戦略は，多様な事業部門においてそれぞれナンバーワンを目指
し，かつそれらの事業間でシナジーを追求することにある。

　現在主要８事業を有しているが，そのなかで多くのニッチ市場を創造するこ
とが成長戦略の第一の特徴である。それぞれの事業自体は，決して大きいわけ
ではない。大手企業からみたら小さいかもしれないが，中小規模企業からする
と一定の初期投資が必要な市場に参入している[6]。どの市場もプレーヤーの数
が少なく，鉄道用ブレーキであれば，国内では三菱電機が唯一の競合企業であ
る。ニッチ市場を掘り起こし，そこで高シェアの獲得を目指すのである。

　第二の特徴として，それぞれの事業において顧客との関係性を重視している。
ナブテスコの対象市場の多くは，製品の品質だけでは参入の難しい市場である。
製品の品質とともに，納入実績が重視される市場である。納入実績を積み重ね
ることによって信用を獲得するのである。しかし，納入実績は信用だけではな
く，もう１つの果実をナブテスコへもたらしている。顧客への製品納入を通じ
て，顧客と取引上のコミュニケーションを繰り返すことで，顧客ニーズを的確
に把握できるのである。また，顧客からの厳しい要求に応えることで，自社の
能力を向上させることが可能ともなる。フライト・コントロール・アクチュ
エーション・システム（FCAS）は，その典型例かもしれない。

　このように，顧客との関係性がニッチ市場におけるナブテスコの競争優位を
さらに強化しているのである。しかし，これは強みであると同時に，課題にも
なっている。たとえば，ヨーロッパの鉄道事業に新規参入するケースを考えて
みよう。ヨーロッパの鉄道事業に参入しようとしても，「ヨーロッパでの実績」
が問われるのである。この実績が参入障壁となる。そうなると，市場への参入

パターンとして事業買収が1つの方法となる。納入実績のある企業を買収することで実績を獲得するのである。

第三の特徴が，MRO市場への参入である。MROとは，製品販売後のメンテナンス（Maintenance），修理（Repair），オーバーホール（Overhaul）である。たとえば自動ドアであれば，自動ドアを販売した後のビジネスである。自動ドアの販売後に定期補修を行い，部品の交換などのサービスを提供するのである。ただし，MRO市場への参入は単なる新たな市場の開拓を意味しない。部品の交換やメンテナンスサービスを通じて，顧客から情報を収集するのである。情報を収集すれば，その情報に基づいて顧客ニーズに合った製品の提供が可能となる。航空機器事業などでも，2010年前後からMRO事業へ注力するようになってきている。

このように考えると，日本市場が縮小していくなかで，ナブテスコの事業方針は既存事業の強化と新規事業の開拓の2つであることがわかる。これは，言葉を換えれば，日本企業を対象としたビジネスの深耕と，海外の新規ビジネスの開拓といえるかもしれない。

## 2　ナブテスコのグローバル戦略

### 海外展開の歴史

ナブテスコの海外進出は，航空機器事業と舶用機器事業からスタートした。戦後，日本国内の航空関連事業がほとんど存在しないなかで，帝人製機がボーイング社への部品供給を開始した。これがきっかけとなり，海外進出をスタートした。

部品の供給に続いて，定期的な保守・点検・およびそれに伴う部品供給を開始した。これは，現在のMRO事業に相当する。同様に，舶用機器事業においても，旧ナブコが1963年に舶用エンジン遠隔制御システムの製造・販売を手掛けて以降，部品の供給に加えて，港から港へと移動する船舶向けに24時間365日保守・点検サービスを提供するために，海外拠点を整備していった。このように，前身の2社を含めてナブテスコの海外展開の歴史は半世紀にも及ぶ。

その結果，ナブテスコの2017年12月現在の拠点はアジア19拠点，北米6拠点，

第7章 ナブテスコ 127

欧州17拠点の合計42拠点にのぼる。図表7-3は、2003年以降のナブテスコの海外売上高比率と地域別売上高の推移を示している。連結の海外売上高は1,032億円である。地域別の売上高では、アジアが48％、北米が15％、欧州が36％を占めている。また、推移でみると、2006年度の377億円から2017年度の1,256億円へと233％の増加である。この増加を支えているのが、アジアと欧州である。欧州が地域別売上高に占める比率は、10年度の15％から17年度には36％となっている。

海外売上高比率に注目すれば、2006年度までは海外売上高比率は25％に過ぎなかったが、2007年以降急速に高まっており、2017年度には44％となっている[7]。

**海外展開の基本方針**

ナブテスコは、海外拠点数でみても海外売上高でみても、積極的に海外展開を進めている。すでにみたように、その中心となっているのが、アジアと欧州である。事実、2010年以降に設立された海外拠点のほとんどはアジアと欧州に

図表 7-3　地域別売上高の推移

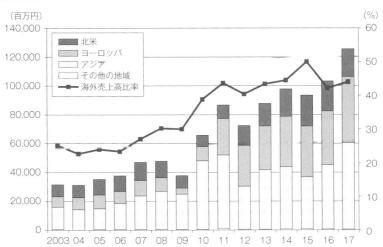

注：2014年度までは3月決算であり、2015年度以降は12月決算となっている。そのため2015年度の売上高は減少している。
出所：ナブテスコ『有価証券報告書』各年度版に基づいて作成。

集中している。また，欧州では，2011年にスイスのKaba Holding AG社の自動ドア事業部門，2013年にイタリアOclap S.R.L社，2016年にドイツのITG社，2017年にドイツOvalo社を買収している。

2017年12月現在，現地国籍人が社長を務めているのは21社である。米国とスイスの自動ドアの現地法人およびそのグループ企業，中国や東南アジアの現地法人などである。21社のうち13社はM&Aを通じて獲得した企業である。中国の現地法人（油圧関係の現地法人２社）は，日本で採用した現地国籍採用社員が社長を務めている。

したがって，そのほかの現地法人についてはすべて，日本本社から派遣された日本人が現地法人の社長を務めている。ナブテスコは，この状況に変更を加え，現地国籍人材がトップに就くようにしたいと考えている。安藤人財開発部長（当時）は，「国や地域，それぞれの現地法人により対応は異なりますが，我々の中期的な目標としては，現地化を進めていきたい。経営の現地化です。中国現地法人であれば中国人にトップになっていただき，ドイツであればドイツ人にトップを務めていただきたい。現地の言葉をしっかりと理解していて，現地の習慣や慣習も分かっていて，現地のコンペティターや顧客としっかり対話できる方に，本来は現地法人を運営してもらいたい」[8]と述べている。

このように，短期的には日本から派遣された社員が海外現地法人のマネジメントを進めているが，中長期的には人材の現地化を目指すことを基本方針としている。

## 3　外国籍人材の新卒採用

ナブテスコは，アジアと欧州を中心に積極的に海外展開を進めてきた。このことは，新たな課題をナブテスコへもたらした。グローバルな事業展開に対応する人材の確保である。急速に進展する海外展開に対応できる人材をどのように確保するのか，現地法人と本社の架け橋になるような人材をどのように確保・育成するのか，そもそも拡大する事業に必要な人材をどのように育成するのか。短期的には現状へ対応することも必要であるし，中長期的には先を見据えた人材育成が必要である。

そうした課題に対するナブテスコの解答が，外国籍人材の活用であった。外国籍社員といっても，海外の現地人材の活用もあれば，中途採用による外国籍人材の活用もある。当然いくつかの手段が並行して用いられているが，ここでは，日本本社における外国籍社員の新卒採用に注目しよう。冒頭で述べたように，松本社長（当時）の号令のもとに外国籍社員の新卒採用をスタートしたのである。これまでに，50人を超える新卒の外国籍社員を採用してきた。外国籍社員というと，定着率の問題が気になる。しかし，ナブテスコではとても高い定着率を記録している[9]。そこで，グローバル化への対応策の1つとしてナブテスコがとった，外国籍人材の新卒採用についてみていこう。

## 外国籍人材の新卒採用へ

ナブテスコは新卒の外国籍人材の採用に向けて，2006年に1つの方針を打ち出した。「ジャパン・スタンダード」である。「ジャパン・スタンダード」とは，外国籍人材を外国籍人材として扱わないという方針である[10]。外国籍社員と日本籍社員を区別せず，研修・配属・評価・報酬などの面で同じ処遇をするのである。もちろん，言語もである。ジャパン・スタンダードというからには，公用語や会議資料なども日本語が用いられる。実際に，社内の表示板にも英語や中国語などはほとんど使われていない。

こうした方針が採用された理由は2つある。1つはナブテスコの企業文化であり，もう1つは日本語でのコミュニケーションの必要性である。まず企業文化であるが，ナブテスコには「人を国籍や背景で区別せずその人自身を見よう」とする文化が存在している。したがって，研修，配属，評価，報酬面においてあえて違いをつくる必要がないと考えているのである。安藤氏は，「外国籍人材と日本人で処遇を全く変えていない。昇進に関しても，評価システムに関しても。基本的に研修もすべて同じ。分ける必要がありませんし，分ける理由がありませんから」[11]と話す。

もう1つは，日本語でのコミュニケーションの必要性である。仕事を進めるための会議や打ち合わせもあれば，経営会議などで日本語でのコミュニケーションは存在している。確かにグローバル化が進行しているが，社内でのコミュニケーションすべてが一足飛びに英語へ進むことはない。では，取引先企

図表 7-4　ナブテスコの自動ドアブランド

　「NABCO（ナブコ）」のマークは，国内でナブテスコが販売している自動ドアに使用しているマークであり，海外で使用する場合は「自動」の部分を現地語に置き換えて使用している。また，「GILGEN（ギルゲン）」は，M＆Aで買収したギルゲン社（スイス）が欧州を中心に販売している自動ドアに使用しているブランドである。

出所：ナブテスコ提供資料。

業とのコミュニケーションはどうだろうか。日本市場の縮小傾向とともに，ナブテスコは海外進出を進めている。それに伴い，取引先も多様化している。とはいえ，もう一方の現実として，海外進出先においても多くの日系企業と取引を行っている。そのため，交渉などが日本語で行われることも少なくない。また，製造現場でのコミュニケーションについても同じことがいえる。ナブテスコの技術優位は，これまでの技術蓄積に基づく「擦り合わせ」にある。そのため，緻密な言語コミュニケーションが求められる場面が存在している。したがって，取引先とのコミュニケーションや製造現場においても日本語が残る。

　こうした理由から，「ジャパン・スタンダード」を設定し，外国籍人材と日本国籍人材を区別せずに処遇している。

## 外国籍人材の採用状況

　ナブテスコ単体の社員に占める外国籍の割合は3％である。人数にすると，2016年12月時点で，9カ国62人である。その内訳は中国籍が46人で最も多くなっている。それに続くのが，韓国籍8人，ベトナム籍2人である。このうち，技術系の採用者数は35人である。

　外国籍新卒採用者の推移は，13年度が16人，14年度が8人，15年度が10人，

16年度が２人，17年度が４人である。この５年間の総合職採用者数は合計で142人であり，そのうち40人が外国籍社員である。したがって，新卒総合職採用者のうち，28％が外国籍社員ということになる。2013年度にいたっては，41人の新卒社員のうち４割が外国籍社員となっている。ただし，2016年度は15人中２人，2017年度は27人中４人と減少傾向にある。

## 外国籍人材の採用方法

　外国籍人材の採用対象としては，①日本国内の留学生と②海外での現地学生採用がある。このように採用対象は大きく２タイプに分かれるが，それらすべての対象者に共通して課される基準がある。日本語能力である。すべての応募者に採用基準として日本語検定１級レベル[12]（ビジネスコミュニケーションレベル）の日本語能力が課されている。説明会および選考において使用される言語も日本語である。そこで，採用対象別に採用プロセスについてみていこう。

　⑴　日本国内の留学生

　日本国内での留学生を対象とした採用をスタートしたのは，2006年である。当時は，外国籍人材の採用に取り組んでいる企業は少ないため，単独で説明会などを行っていた。しかし，現在では多くの企業が外国籍人材の採用に本格的に取り組んでおり，外国籍人材を対象にした合同説明会に参加している。

　それに加えて，外国籍人材の抱く固有の疑問へ対応するために，質問セミナーを国内で開催している。セミナーでは，参加者から「国籍によって何らかのデメリットはあるのか」や「日本人社員との間に処遇や配属に違いはあるのか」などの国籍に関係する質問が多くなされる[13]。

　⑵　海外での現地学生採用

　海外での現地学生採用をスタートさせたのは，2009年である。主に香港，マレーシア，インドネシア，中国，シンガポール，韓国，ベトナム，オーストラリアで採用活動を行っている。とくに香港，マレーシア，インドネシア，中国，シンガポール，韓国では，ナブテスコが単独で各国を訪問し採用活動を行っている。ベトナムとオーストラリアではナブテスコ単独ではなく，他社と合同で

図表 7-5　新卒採用者の推移

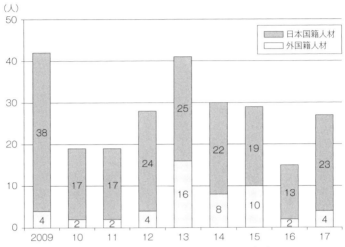

出所：ナブテスコ『インテグレイテッドレポート』各年度版に基づいて作成。

採用活動を行っている。

　具体的な採用フローは，次のようなフローを経る。まず，現地の採用エージェントを介して就職希望学生を対象に会社説明会を開催する。この説明会は日本語で行われる。現地での会社説明会後，日本語でのエントリーシートを提出する。そして，適性検査を行い，適性検査の通過者には現地で一次面接（グループ形式）を実施する。そして最後に，一次面接通過者を日本に招いて，日本での二次面接・最終面接を経て採用となる。

　また，これらの活動と合わせて，外国籍人材向けのインターンシップを開催している。主な参加者は，ナブテスコが共同研究を行っている米国，欧州，中国の大学の学生が中心となっており，理科系の学生が対象となっている。

研　修

　ナブテスコは，外国籍人材の新卒一括採用を進めてきたが，そうした新卒採用の外国籍人材をどのように活用しているのだろうか。研修，配属，評価，報酬の面からみていこう。

　ナブテスコでは，日本国籍社員も外国籍社員も，入社後3年間は本社主催の

共通基礎教育の研修を行っている。

　具体的な研修として，まず実施されるのは，入社してすぐに行う新人研修である。この新人研修には，18〜30歳までの新人社員が国籍を問わず，全員参加して行われている。新人研修では，まず社会人としての基本姿勢，ナブテスコグループの事業内容，ナブテスコウェイの理念と合わせて名刺の渡し方などのビジネスマナーについても学ぶ。新人研修に続いて，2カ月間にわたって，工場生産実習，ビジネスコミュニケーション研修，機械製図研修，財務研修が実施される。たとえば，ビジネスコミュニケーション研修は，コミュニケーション能力の向上を目的としている。ビジネスの現場では，さまざまな価値観や考え方を持った人々とコミュニケーションを図り，互いにWin-Winな関係をつくることが必要である。そのために，互いに話し合うことで，価値観の違いと共通点を理解することが目指される。

　全社共通研修に加えて，職場ごとにOJT（On-the-job Training）が行われている。8月1日の配属後，配属部署の先輩社員1人が指導担当となり，仕事を行うために必要な知識や技能，取り組み姿勢などの習得を1年間にわたり指導している。OJTは担当社員側にもメリットがある。新人社員を指導するために，習慣的に行ってきた行為について再考したり，異なる文化的背景のある人へ伝えることを学習していくのである。ここまでの研修はすべて国籍を問わず，同じ研修が行われている。ナブテスコの外国籍人材の日本語能力がいかに高いかがわかるだろう。

　外国籍人材の新卒採用スタートに伴い，新たに始められた研修が1つある。ダイバーシティ研修である。これは，外国籍社員向けではなく，外国籍人材配属先の上司やOJT担当の社員に対して行われる研修である。外国籍人材を部下に持った経験のある社員が少ないために実施されている。この研修を通して，それまでナブテスコで働いてきた社員が，異なる考え方があることを理解し，異なる価値観の人々と働くことについて，またその考え方を受け入れることの大切さについて学んでいくのである。文字通り，ダイバーシティへの対応である。

　そして，もう1つの重要なイベントとして，ナブテスコウェイの浸透を目指したイベントがある。ナブテスコは，2012年にグループとしての一体感を醸成

**図表 7-6** ナブテスコウェイ

---

### 社会とともに成長する
### 「21世紀生まれの老舗企業」を目指して

---

**企業理念**
ナブテスコは，独創的なモーションコントロール技術で，移動・生活空間に安全・安心・快適を提供します。

**ナブテスコの約束**
1．世界のお客さまとの親密なコミュニケーションを大切にします。
2．一人ひとりのチャレンジ精神と変革意識を大切にします。
3．利益ある成長を続けます。
4．高い透明性と倫理観を持ち続けます。
5．地球環境に配慮し，地域・文化との調和を図ります。

**行動指針**
トップの経営姿勢を表すとともに，社員一人ひとりが受け継ぎ，新たに築き，そして未来へ引き継いでいきたい "大切にしたい価値観"，"ナブテスコらしさ"，"ものづくりへのこだわり" を「行動指針」として明文化しています。

出所：ナブテスコホームページ

---

し高めるために，社員一人ひとりの仕事への取り組み姿勢・判断の拠り所として行動指針を定めた。そして，この行動指針とともに，従来からの「企業理念」，「ナブテスコの約束」とあわせた総称として「ナブテスコウェイ」と名付けている。そして，ナブテスコウェイの浸透を目的に，2013年度から毎年4月に「ナブテスコウェイ月間」を開催している。2017年度には，国内グループ会社10社を含め，442職場から4,124人が参加している。

### 配属・評価・報酬

　ナブテスコの外国籍社員は62人いる。配属先は営業，開発・設計，経営企画・経理，購買，情報システム，品質保証，生産技術関係，法務，総務・人事・人材開発と多岐にわたっている。最も多いのは，開発設計の19人で外国籍人材の30％が配属されている。それに続くのが，営業の11人，経営企画・総務の8人である[14]。新卒採用の外国籍社員の出身国でみても，特定の出身国の社

員が特定の配属先へ偏っていることもない。たとえば，中国国籍社員であれば，営業から開発・設計，購買，情報システムなど，万遍なく配属されている。

外国籍社員が広くさまざまな部署に配属されていることからわかるように，外国籍社員も日本国籍社員と同じプロセスを経ながら，配属が決められていく。国籍や性別によって配属プロセスが変わることはない。むしろ，外国籍人材が一部の部署に偏らないように配慮されている。幅広い部署に外国籍社員が配属されることで，日本国籍社員と外国籍社員がともに働く機会が増える。それによって，組織内のダイバーシティを高めることが目指されているのである。

具体的な配属プロセスは，次のように進められる。内定式の後，適性検査の結果を考慮したうえで，各カンパニーからの要請と本人の希望に応じて1年目の8月に配属先が決められる。このプロセスも国籍に応じて違いはない。ただし，1つの懸念材料として，適性検査の結果を外国籍社員と日本国籍社員で同じように適用できない可能性がある。現在採用試験に用いられている適性検査は，これまでの日本国籍社員の行動パターンに基づいて活用されてきた。しかし，日本国籍社員をベースとした分析パターンを外国籍社員へ適用できるとは限らないのである。現在は，従来の適性検査に加えて，内定した学生についてのみ多言語に対応できる適性検査を実施し職務適性を見極めている[15]。

実際に採用された外国籍社員の配属先での勤務状況についてみてみよう。そこで，入社5年目の李さん（仮名）の仕事についてみてみる[16]。李さんは，香港出身で2012年10月にナブテスコへ入社した。大学生のときには，香港の大学で日本研究を専攻していた。大学3年時に日本に留学した経験を持っている。そして，大学4年時にナブテスコの香港での説明会に参加したことをきっかけに，ナブテスコへ応募し入社した。2012年10月入社の同期には，台湾1人，中国2人，チェコ1人がいる。

入社1年目には，人財開発部に配属され語学研修を担当していた。具体的には，グローバル人材の育成強化のための海外トレーニー制度，海外赴任前教育，語学教育などの人財開発とともに，国内外のビジネススクール派遣に関する業務を行っていた。2年目になると，それらの業務と並行して，2014年度入社の新入社員研修を担当した。新入社員研修では，研修のプラン策定から運営までを行う。研修の運営では，研修の心構えについての説明から研修総括のグルー

プワークの進行を行う。李さんは，入社後の貴重な体験として新入社員研修を挙げている。

研修を進めていくなかで，李さんは初めの頃は不安を抱えていた。「（日本語で業務を行うのは）とても不安で難しかったです。私に何ができるのだろうか，日本人よりできるものはあるのだろうか。その点については，入社して半年くらい，とても心の中で苦しんでいました」と，李さんは話す。そうした李さんに対して，上司は，「われわれは，彼女を通訳として雇っているわけではありません。彼女自身もやりたいことをはっきりといってくれますし，任せたことを順調にクリアしています」と評価している。実際の研修においても，成功裏に研修を終えることができた。李さんは「最初は差別されていないだけでも嬉しかったし，1人の社員としてさまざまなことを任せてもらっている」と語っている。

このように，外国籍社員だから日本籍社員だからといって，配属や仕事に違いはない。むしろ，違いがなくなったことによって新たな環境が生み出され，外国籍社員たちはそこで自らの強みを生かしながら新たな貢献を模索していっている。

また，報酬・評価の仕組みについても，外国籍社員も日本国籍社員も同じものとなっている。同一の基準を設定しているのは，差のないところにあえて差をつけるのには何の効果もないと，ナブテスコでは考えているのである[17]。

## 4　外国籍社員のもたらしたもの

ナブテスコが外国籍社員の新卒採用をスタートしてから10年が過ぎた。その間，外国籍社員と日本国籍社員を区別することなく，同じように処遇する方針をとってきた。この10年間は，ナブテスコへ多くのものをもたらしたと同時に，新たな課題を突き付けている。

### 内なる国際化

事業のグローバル化への対応を目的としてスタートした外国籍人材の新卒一括採用であるが，外国籍社員の新卒採用はそのほかにもいくつかの効果をもた

らしている。1つは，社員個人レベルにおける意識の変化である。新卒総合職社員は同期入社の3人に1人が外国籍である。また，本社であれば，普通に業務をしていても外国籍社員が同じ部署に所属し業務を行っている。外国籍社員が同じ部署で身近に働いていたり共同で仕事をすることが，日本国籍社員の意識に変化をもたらしているのである。

　たとえば，海外赴任に対する心理的な障壁が低くなっている。身近に外国籍社員が働いていれば，外国籍社員と働くことは日常となる。さらに，外国籍社員は，それまで理系の文化が強かったナブテスコへ新たなマインドをもたらした。自らの意見を述べたり，自らコミュニケーションをとる積極的な姿勢である。日本国籍社員が，異なる考え方があることを理解し，異なる価値観の人々と働くことについて，またその考え方を受け入れることの大切さについて学んでいくのである。このことは，個人レベルでのダイバーシティを高めるうえでの基盤ともなるだろう。

　こうした社員個人レベルでの変化は，ナブテスコ全体の組織文化や制度へも影響を及ぼしている。グローバルであることは，もはや常態である。それを前提としながら，研修（ダイバーシティ研修やグローバル研修）やナブテスコウェイなどの制度が形作られていく。個人が変化し，諸制度が整備されるとともに，ナブテスコの組織文化も変化していく。

　2つ目は，長期的な人材育成である。外国籍社員が，海外事業を担う人材の育成，海外現地法人と本社の懸け橋になるような人材の確保・育成にとっても影響を及ぼしている。日本市場が縮小傾向にあるなかで，海外市場を開拓することはナブテスコにとって不可欠である。それまでの日本企業との取引を維持拡大することと合わせて，新たな取引先を開拓する必要がある。そのカギとなるのが，人材の現地化である。そのときに，日本本社で勤務した外国籍社員がその役割を担っていくのである。事実，中国の現地法人の社長に，日本において中途採用された現地国籍社員が着任している。さらに，それに加えて，外国籍社員から影響を受けた日本国籍社員も現地化の促進とともに，海外現地法人と本社の懸け橋の役割を担っていくのである。

## ジャパン・スタンダードの将来的課題

　ナブテスコの新卒での外国籍社員の一括採用はこれまでのところ順調に進んできた。また、2003年以降の外国籍社員（中途採用含む）の離職率はとても低い水準である。とはいえ、いくつかの将来的課題があるのも事実である。

　第一に、人的資源管理の仕組みの問題である。外国籍人材をめぐる人材獲得競争が激しくなりつつある。事業のグローバル化が進めば、なおさらである。そのときに、どのように対処すればよいのだろうか。対応方法の1つは、日本への留学経験のない外国籍社員を多く雇用することであるかもしれない。その場合、どのような対策が必要なのだろうか。言葉の問題へどのように対処すればよいのだろうか。報酬・評価システムへ変更を加える必要はあるのだろうか。もう1つの対応方法は、日本国籍社員のグローバル化であるかもしれない。事実、ナブテスコでは2017年度から新入社員全員を入社3〜4年目に短期海外研修に派遣することを開始している[18]。

　第二に、将来的に現地法人での採用を始めた場合に、現地採用外国籍人材と本社採用外国籍人材との間で処遇差が生まれる可能性がある。現状としては、外国籍新卒人材の採用を始めてからまだ日が浅く、現地に赴任するのはまだ先のことではある。将来的にこの課題が大きくなる可能性がある。解決方法の1つとして、大手企業が実施しているグローバル・グレーディング制度がある。これらの方法はナブテスコにとって有効なのだろうか。

　ナブテスコの外国籍人材の新卒採用は、きわめて順調に進んできた。とはいえ、長期的にはいくつかの課題が生まれてくるだろう。そうした新たな課題に対して、また対処していくことが必要だろう。

[付記]

　本ケースは、竹之内秀行、飯田麻菜美、大竹玲於、田中菖平、土器恭子、南花織、三輪一尊［2016］「ナブテスコ社：海外市場戦略と外国籍人材」上智大学ディスカッションペーパーを大幅に加筆修正したものである。

　また、本稿を作成するにあたって、松本敏裕氏（ナブテスコ株式会社、総務・人事本部、総務部長兼IRマネジャー）・高橋誠司氏（同社、総務・人事本部、人事部長）へのインタビュー（2014年11月18日）、安藤広樹氏（同社、総務・人事本部、人財開

発部長）・李氏（仮称：同社，総務・人事本部）へのインタビュー（2014年12月11日），安藤広樹氏（前掲）へのインタビュー（2015年1月16日），安藤広樹氏（前掲）へのインタビュー（2017年8月31日）を参考にした。お忙しいなか，貴重な時間を割いてご協力頂いた各氏に深く感謝する。なお，所属・役職はインタビュー当時のものである。ただし，本ケースの記述は，各種公開資料ならびに上記インタビュー記録に依拠した筆者の理解に基づくものであり，文責はあくまでも筆者にある。

▶注 —————

1 経済産業省『法人企業統計平成28年版』に基づいて算出。製造業の平成28年度の平均営業利益率は4.4％である。

2 筆者らによる松本敏裕氏らへのインタビュー（2014年11月18日）によれば，基本的には，「3年連続赤字を記録すると当該事業から撤退する」という基準が設定されている。

3 ボッシュブレーキシステムへの売却は，旧ナブコのときに行われたものである。

4 2017年度より，セグメント変更が行われている。旧セグメントは，①精密機器（新エネルギー機器），②輸送用機器（鉄道車両用機器，商用車用機器，船用機器），③航空・油圧機器（航空機器，油圧機器），④産業用機器（自動ドア，包装機），の4つであった。この変更の意図は，「利用技術の類似性」から「ビジネスモデルの類似性」による区分へ変更することで，事業間のシナジー効果の向上にある。

5 2016年度12月期の各セグメント売上高は，IFRSベースの「参考値」である。

6 注2と同じ。

7 2015年度の海外売上高比率が50％を超えているのは，決算期変更に伴う影響が大きい。

8 注2と同じ。

9 日本経済新聞，2015年7月28日付夕刊，9頁。

10 日経産業新聞，2012年7月25日付朝刊，1頁。

11 注2と同じ。

12 特定非営利活動法人日本語検定委員が運営する日本語能力試験である。漢字や文法のみならず，敬語などについても問われる。

13 筆者らによる安藤広樹氏らへのインタビュー（2014年12月11日）。

14 筆者らによる安藤広樹氏へのインタビュー（2017年8月31日）によれば，新卒採用者のうち8割が理科系で，2割が文科系である。そのことを考慮すると，や

や技術職の割合が少ないかもしれない。

15　注13と同じ。

16　李さん（仮名）の配属先での勤務については特別な記述がないかぎり，注13に基づいて記述している。

17　筆者らによる安藤広樹氏へのインタビュー（2015年1月16日）。

18　注14と同じ。


▶▶参考文献────────────

白木三秀編著［2014］『グローバル・マネジャーの育成と評価』早稲田大学出版会。

組織学会編［2013］『組織論レビューⅠ：組織とスタッフのダイナミズム』白桃書房。

谷口真美［2005］『ダイバシティ・マネジメント：多様性をいかす組織』白桃書房。

ドミニク・テュルパン［2012］『なぜ，日本企業は「グローバル化」でつまずくのか』日本経済新聞社。

村上由紀子［2015］『人の国際移動とイノベーション』NTT出版。

吉原英樹・岡部曜子・澤木聖子［2011］「韓国企業の国際経営と英語」『英語で経営する時代』有斐閣。

# ヤマト運輸
## ——日本的サービスの海外移転と現地人材の育成

| 【会社概要】 | |
|---|---|
| 名　　　　称 | ヤマト運輸株式会社 |
| 創　　　　業 | 1919年 |
| 設　　　　立 | 2005年 |
| 従　業　員 | 171,898人（2018年3月15日現在） |
| 資　本　金 | 500億円 |
| 連結営業収益 | 1兆5,388億円（2017年4月～2018年3月） |
| 連結営業利益 | 356億円（2017年4月～2018年3月） |
| 主　力　製　品 | 宅急便など各種輸送に関する事業 |

　現在のような企業間競争の激しい時代で，企業が持続的発展を遂げるには絶えずイノベーションに挑戦し，市場創造を目指す必要がある。ヤマト運輸は創業以来，幾多の困難に直面してきたが，そのたびにイノベーションに果敢に挑戦して，その難局を乗り越えてきた。とりわけ，同社は宅急便という新しい事業で市場創造し，それを日本の社会に普及させて飛躍的な発展を遂げた。

　そのヤマト運輸は，いま経済成長著しいアジア諸国で宅急便事業を発展・普及させようと新たなイノベーションに挑戦している。しかし，宅急便事業には顧客の視点に立った，きめの細かい「日本的サービス」が不可欠である。経済の発展段階，人々の価値観，行動様式，習慣など，文化の違う外国へ，その日本的サービスを移転するには，多くの越えなければならないハードルがある。それにはその事業とサービスを担う人材の果たす役割がきわめて重要になる。本章では，アジア市場の開拓に乗り出したヤマト運輸の宅急便事業と，それに伴う日本的サービスの移転，さらにはその成否のキーとなる現地人材の教育と育成の現状，およびそれにかかわる諸課題について論述することにする。

## 1 イノベーションと市場創造への挑戦

### イノベーションに向けて

　企業経営の最大の課題の1つは持続的発展を遂げることである。しかし，企業が長期にわたって持続的発展を遂げることは容易ではない。とくに近年のような企業間競争の激しい時代では，伝統のある大企業といえども，それは容易ではない。

　かつて企業間競争はそれほど激しくなかった。しかし，この数十年間においてその競争は激しくなり，年々その度合いを増してきており，いまではまさに血みどろの競争を繰り広げているといってよい。それはとりもなおさず，競争相手が増えたからにほかならない[1]。

　まず，わが国の経済や産業はかなり以前から成熟段階に入り，国内市場の拡大が見込めなくなってきた。とくに近年では，急速な少子・高齢化の進展で，国内市場は縮小しつつある。市場の規模が縮小すると，当然ながら製品需要も頭打ちとなり，その限られたパイをめぐって企業間競争が激しくなる。

　また，もし成長が見込める市場や事業があれば，たとえ異業種の企業であろうとも，その分野への参入もみられるようになった。近年わが国でも政府の規制緩和が進んだため，異業種への参入は比較的簡単になっている。この結果，現在では業種を越えた企業間競争も激しくなっている。

　さらに，この数十年間で世界の多くの企業の国際化やグローバル化も進展したので，国境を越えた企業間競争も激しくなっている。この国際競争はかつて日・欧・米の先進国の企業間の競争であったが，いまでは中進国や新興国の企業もこの競争に加わるようになっている。とくに経済成長著しいアジア新興国市場では，世界の企業間の熾烈なグローバル競争が繰り広げられている。

　こうした企業間競争の激化につれて，企業には競争優位の構築が大きな経営課題となってきたが，近年では製品技術のデジタル化によって短期間に他社の製品やサービスが模倣できるようになった。その結果，企業の競争優位も短期間のうちに失われてしまうようにもなった。また，企業間の競争自体も過去の競争とは異なり，新たなプレーヤーの参加など，競争のプレーヤーも変化して

きたので，そのなかでの競争優位の構築はいっそう難しくなってきた。

　こうした近年の企業間の競争状況や競争優位の構築の困難性を考えると，企業の持続的発展には他社との競争にエネルギーを費やすことが果たして良いのか，という疑問が湧いてくる。企業は一時的に他社との競争に勝ったとしても，次から次へと新しい競争者が出現する。このような状況を考えれば，企業は競争よりもむしろイノベーションにエネルギーを費やしたほうが持続的発展への道を切り開くことができるのではないかと考えられる。

　確かにイノベーションとは，「既存のものに変えて，何か新しいものを生み出し，取り入れる」ことであるから，それに挑戦することは並大抵ではない。しかし，新しい技術や製品・サービスを作り出し，新しい市場を創造すると，そこには競争他社が存在しないので，成果も大きく，企業の持続的発展もより可能になる。振り返ってみれば，100年前には自動車，音楽レコード，航空，ヘルスケアなどの市場や産業はなかった。40年前でも投資信託，携帯電話，ネットビジネスなどはなかった。これらはいずれも企業のイノベーションによって誕生し，その後大きな事業や市場の創造につながった。そのようなイノベーションを創発した企業はその後大きな飛躍を遂げたのは言を待たない。

　ヤマトグループを飛躍的に発展させた「宅急便」は，その典型的な事例である。それは同社のイノベーションへの挑戦の結果から誕生したものである。

## 連続的なイノベーション

　企業がイノベーションに挑戦し成功すれば，大きく飛躍できる可能性があるが，反面他社の破壊的なイノベーションに遭い，一瞬のうちに沈没してしまう場合もある。したがって，企業はひと時も手を休めることなく，絶えずイノベーションに挑戦し続けなければならない。その意味では，企業には連続的なイノベーションが必要となる。ヤマトグループの歴史は，そうした連続的なイノベーションの歴史でもあった。

　ヤマト運輸は，1919年にトラック運送会社の大和運輸としてスタートした。現在同社はヤマトホールディングスの一事業部門であるが，同グループの中核として存在するだけではなく，わが国の宅配便市場で長年ナンバーワンの市場シェアを握ってきている。ちなみに，2016年の宅配便市場シェアの状況は，ヤ

マト運輸が46.9％，次いで佐川急便が30.6％，日本郵便が15.9％，西濃運輸が3.3％，福山通運が3.1％となっている[2]。また，1976年に11個でスタートした宅急便も年を追うごとに増加し，現在では約18億個になっている。

　ヤマトグループは，近年のネット通販の荷物の急増，労働力不足などにより，宅急便の配送料金の適正化，従業員の雇用や待遇改善など，経営の見直しを迫られているが，創業以来このような困難に幾度となく直面してきた。しかし，同社はそのたびにイノベーションに果敢に挑戦することで，その難局を乗り切ってきた。その意味では，同社の経営危機を救い，また飛躍的な発展へと導いたのはイノベーションにほかならず，しかも連続的なイノベーションであったといえる[3]。

　まず，第1回目のイノベーション[4]は創業から10年の1929年に行われた。大和運輸の創業者，小倉康臣は，1919年に東京の銀座でトラック4台で運送業をスタートさせた。当時日本全国でトラックが204台しかなかった時代で，それは先進的な決定でもあった。その後同社は順調に業績を伸ばし，事業基盤を確立していた。そして創業10年目の1929年に，日本で最初の「路線事業」を開始した。これは複数の顧客の荷物を定時で定区間で運ぶという「混載輸送」という事業であった。これは当初東京－横浜－小田原間の輸送であったが，数年後その配送ネットワークを関東一円に拡大し，同社は大きく成長・発展を遂げた。

　しかし第二次世界大戦後，運送業界に大きな変化が起きた。とくに1950年代半ばから西濃運輸や日本運送など競争会社が台頭すると同時に，長距離トラック輸送が活発になった。長距離輸送は戦前までもっぱら鉄道の仕事とみなされていたが，戦後にはトラックが鉄道に代わって主役へと躍り出た。そしてこれらの競争会社は長距離トラック輸送にいち早く乗り出し，日本の高度経済成長の波に乗って急速に成長した。しかし，ヤマト運輸は長距離輸送には乗り出さず，相変わらず関東一円に閉じこもっていた。というのは，小倉康臣は「トラックの守備範囲は100キロメートル以内でそれ以上の距離の輸送は鉄道の分野だ」と固く信じていたからである。ヤマト運輸が東京－大阪間の長距離輸送に乗り出したのは1960年で，先発企業に大きく遅れをとってしまった。

　このように，ヤマト運輸は市場が大きく変化してきているにもかかわらず，その変化を見逃してしまった。その結果，同社の業績が次第に悪化するように

なった。また，同社の主な収益源であったデパートの配送事業も，1970年代に入ると，人件費の上昇や73年の石油危機によって採算がいっそう悪くなり，経営危機も囁かれるようになった。

小倉康臣の長男，小倉昌男は，1971年に社長に就任し，こうした経営危機を打開するため，新たなイノベーションに挑戦することになる。彼は当時民間企業のなかで，どの会社も見向きもしなかった個人向け宅配市場の事業展開に着目した。そして彼は個人から個人への小口の荷物を配送する「宅急便」事業の構想を次第に固めていった。当時，この種の事業は郵便局と国鉄だけが行っていたが，それらはいずれも顧客の目からすればサービスの悪いものであった。また，当時個人間の小口貨物輸送は，不特定多数から不特定多数への配達ということで手間がかかり，採算の合うものではないと一般的に考えられていた。

ヤマト運輸の社内でも，この宅急便事業に乗り出すことに反対の意見が多かった。しかし小倉昌男は，この事業にはチャンスがあり，競争相手もサービスの悪い郵便局と国鉄のみで，新たな成長市場を創造できると考えた。そこで彼は，社内で反対する役員を説得する一方，その事業の実現に向けてワーキング・グループを立ち上げ，そして1976年1月に宅急便事業をスタートさせた[5]。

小倉社長は，宅急便開始当初，収支よりも顧客へのサービスを重視し，それの徹底に腐心した。ここから「サービスが先，利益は後」という考えが生まれ，その後全国翌日配達や夜間指定サービスをはじめ種々のサービスを創造し，当時のライバルであった郵便局と国鉄の小荷物配達に対して，「サービスの差別化」を図った。

ヤマト運輸が宅急便事業を実現させるためには，同社のビジネスモデルを作り変えなければならなかった。宅急便事業のビジネスモデルは，①集荷と配達のネットワーク，②ネットワークを支える情報システム，③現場で集荷と配達を担当するドライバーから成る。ネットワークについては，地域により密着したサービスを提供するため，営業所を商流地域だけでなく，住宅地域にも設けるとともに，一般家庭に身近な米屋，酒屋などに協力してもらい取次店として運用した。また，同社は全国で翌日配達を可能にするためには高度な情報システムが不可欠であると考え，従来からのシステムを活用する一方，それをサービス向上のために，1980年10月に新しい情報システムに改良した（図表8-1

**図表 8-1** ヤマト運輸の宅急便事業の体制

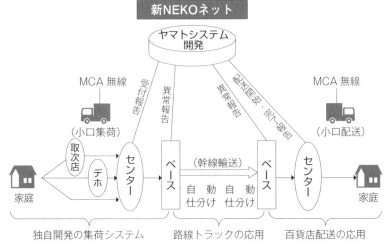

出所：東北大学経営学グループ [2008], 84頁。

参照)。

　ところで，宅急便という新しい商品が顧客を獲得するかどうかは，それを配達する現場のドライバーにかかっているといっても過言ではない。小倉社長はそのドライバーについても新しい考えを打ち出し，その呼称を「セールスドライバー（以下，SDと略称）」としたのである。そこには宅急便のドライバーは単なる車の運転手にとどまらず，営業活動も行う，という意味が込められている[6]。

　ヤマト運輸の宅急便事業は，顧客のニーズを喚起し，その便利さゆえに急速に伸び続けた。1976年1月のスタートの日には11個しかなかった宅急便は，79年3月には1,000万個になり，80年には損益分岐点と考えた3,000万個を越えるまでになった。このヤマト運輸の宅急便事業の成功に刺激されて，競合他社も相次いでこの市場に参入し，宅配便は一大市場に成長した。

　この競合他社の宅配市場への参入に対応して，ヤマト運輸はその事業の体制強化のため，中長期経営計画の策定に取り掛かった。1981年の「ダントツ三ヶ年計画」，84年の「新ダントツ三ヶ年計画」がそれである。これらの計画は配送サービス，配達ネットワーク，スピードなどで他社に圧倒的な差をつけるた

めに策定されたものである。こうした経営トップから現場のSDに至るまで，新しいものに果敢に挑戦していくというイノベーションの精神によって，ヤマト運輸はその後も次々と新しい商品やサービスを創出した。「スキー宅急便」，「ゴルフ宅急便」，「クール宅急便」，「宅急便コレクト」などである。

　さてヤマトグループは，いま宅急便事業の開始に続く第三のイノベーションに挑戦している。この第三のイノベーションを提案したのがヤマトホールディングスの木川眞取締役会長である。彼はヤマトホールディングスの社長に就任して以来，同グループを取り巻くビジネス環境の変化を考えつつ，将来の成長戦略を構想し，2013年に「バリュー・ネットワーキング構想」を発表した。その狙いは，端的にいうと，宅急便一本足打法からの脱却にある。

　確かに，第二のイノベーションであった宅急便事業の開始は画期的で，ヤマト運輸の再生や飛躍の駆動力になったけれども，この数十年間に日本や世界のビジネス環境は大きく変わった。このため，ヤマトグループも新たなイノベーションに挑戦しなければならなくなったのである。木川会長は，その背景として，具体的には次の4つの変化があるという[7]。

(1)　企業間（B to B）物流の小口化と多頻度化

(2)　ネット通販の増大

(3)　ICTやAIによるサービスの創造と業務の効率化

(4)　少子高齢化による労働力不足

　こうしたビジネス環境の変化によって，従来の宅急便のビジネスモデルは限界を迎えつつあるため，新たなイノベーションに挑戦し，新たなビジネスモデルを構築しなければならなくなったのである。この「バリュー・ネットワーキング構想」の実現のために，まずネットワークの改革を進めた。従来の宅急便ターミナルとは異なる多様な機能（付加価値）を有する最先端の総合物流ターミナル「ゲートウェイ」を建設した。また，日本最大級の総合物流ターミナル「羽田クロノゲート」，アジアと日本との結節点となる「沖縄国際物流ハブ」などの新設である。

## 2 アジア市場開拓と日本的サービスの移転

### アジア市場開拓の動機と展開

　ヤマトグループは，いま「バリュー・ネットワーキング構想」に基づいて，アジア市場開拓に取り組んでいる。

　サービス業の海外市場の開拓は，消費者のニーズが各国や各地域によって異なるため，非常に難しく失敗するケースが多い。日本のサービス業の企業も海外市場に進出するけれども，数年後に撤退するケースが少なくなかった。このため，サービス業は典型的なドメスティック産業とみなされ，海外展開には向かないとすら考えられてきた。

　しかし，近年では少子高齢化による国内市場の縮小，日本的サービスの質の高さの海外での再認識などを背景にして，サービス企業の海外展開が非常に活発になっている。ヤマトグループも，かねてから本格的な海外展開を検討していたが，宅急便事業には高度な社会インフラやネットワークが必要になるため，二の足を踏んでいた[8]。しかし2000年に入り，日本国内の市場の縮小，アジア市場の急速な成長や成熟化などがみられるようになったため，2011年の長期経営計画「DAN-TOTSU 2019」および中期経営計画「DAN-TOTSU 3か年計画HOP」の策定を契機に，アジア市場の開拓とアジアでの宅急便ネットワークの構築を本格化することを決定した。当時のヤマト運輸の山内雅喜社長は，次のように述べている。

　「アジアの生活者の方々に，宅急便というサービスをいち早く提供したい，そして物流インフラとしての宅急便ネットワークをアジア全域に広げ，グローバル化を進める企業のさまざまな物流ニーズに応えていきたい，と考えています。2019年までにアジア市場に宅急便サービスを根付かせよう。それが私たちの目標です。」[9]

　ヤマトグループのアジア戦略は，当時の日本政府の成長戦略とも合致していた。2013年日本政府は，日本経済の再生に向けた成長戦略を決定したが，そのなかの1つに戦略市場創造プランがある。このプランのなかに，海外への農水産物の輸出促進があるが，この分野はまさに小口配送機能を持つヤマトグルー

プの得意分野でもある。この日本政府の成長戦略をも追い風にして，ヤマトグループのアジア市場開拓戦略が展開されることになった。こうして，ヤマトグループはアジアへの物流拠点として，全日本空輸と提携して「沖縄国際物流ハブ」の活用を本格化させたり，2015年に沖縄グローバルロジスティックスセンター「サザンゲート」を構築したりした。

　さて，ここでヤマトグループの海外事業の変遷についてみておきたい。同社の海外事業展開は，近年本格化したが，現在まで大きく次の３つのフェーズに分けられる[10]。

(1)　第１フェーズ……海外事業開始の段階で，1980年代からわが国のメーカー企業などの海外進出に伴って国際化に力を入れ，国際フォワーディング事業や海外引越事業を米国，欧州，およびアジアで展開した。

(2)　第２フェーズ……海外で宅急便事業を開始した段階である。2000年10月に台湾で現地のUni-Presidentグループとライセンス契約を結んで宅急便サービスを開始した。台湾は日本とは戦前から密接な関係があり，地理的・社会的な環境，さらには顧客のニーズも比較的類似した点があることから，宅急便事業が定着・普及すると考えた。

(3)　第３フェーズ……宅急便事業によるアジア市場開拓の本格化の段階である。この段階は2010年から始まる。2010年１月にシンガポールに完全所有子会社を設立し，宅急便サービスを開始した。同年１月には中国に進出する。上海に上海巴士物流とジョイント・ベンチャーを設立する。翌年２月には香港で現地法人を設立する。同年９月にはマレーシアに進出し，ペナン，クアラルンプール，ジョホールバルの３カ所で宅急便サービスを開始する。さらに2016年８月にはタイでも，サイアム・セメントグループとジョイント・ベンチャーを設立した。

　　このように，ヤマトグループの海外事業は1980年代に国際フォワーディング事業から始まり，2010年から宅急便事業によるアジア戦略を本格化さ

| 図表 8-2 | ヤマトグループの海外事業の変遷 | |
|---|---|---|
| フェーズ | 海外事業の内容 | 進出地域 |
| 第1フェーズ<br>（1980年代〜） | メーカーの海外進出に伴う国際フォワーディング事業や海外引越事業 | 米国，欧州，アジア |
| 第2フェーズ<br>（2000年代〜） | 宅配便事業の海外展開の開始 | 台湾 |
| 第3フェーズ<br>（2010年代〜） | 宅配便事業によるアジア市場開拓の本格化 | シンガポール，中国，マレーシア |

せているのである。

　ヤマトグループのアジア市場における宅急便サービスの歴史はまだ浅く，その経営は現段階では試行錯誤の域を脱していないが，「アジアの人々の豊かな社会・生活の実現へ」との強い信念のもとで，各事業を展開している。その結果，アジアでの宅急便事業は着実に成長している。とはいえ，宅急便は日本で開発され，成長・発展してきたサービス事業であり，その事業には日本人の価値観やニーズに合ったサービスが多く含まれている。またそのビジネスモデルも，日本の社会システムに合うように構築されている。そのような宅急便事業を，人々の価値観，行動様式，習慣など文化，顧客のニーズ，および社会システムなどの違う外国へ移転した場合，果たして受け入れられるのであろうか，という疑問が出てくる。当然，ヤマトグループがアジア市場への進出を決定したときも，そのような疑問の声が社内から上がったという。

## 海外での宅急便事業と日本的サービスの移転

　企業が海外市場に進出するとき，本国で培った事業に関する技術，経営方式，サービスなどのスキルやノウハウのどの部分を移転するのかが大きな問題になる。日本の製造業の企業が海外進出を始めたときも，多くの企業がこの問題に直面した。

　ヤマトグループのアジア市場進出に際しても，宅急便事業にかかわる経営，サービスのスキルやノウハウのなかで，どの部分を海外に移転するのか，またどの部分を現地の環境条件に合わせて変更させるのかが課題になった。同社として海外に必ず移転しなければならないものがある反面，移転しても通用しな

いものもあるため，現地の環境条件や顧客のニーズに合わせて変更しなければならないものもある。

ヤマト運輸の宅急便事業の基本的なサービスは，①顧客視点のサービス，②配達情報の見える化，③機材等の使用による迅速・丁寧な輸配送の最小化から成ると考えられる[11]。①は接客に関するもので，とくに現地従業員による宅急便の集配などサービス提供時には重要になる。②は荷物の追跡システムを用いることで，顧客が常に最新の荷物の情報を検索でき，情報の見える化を実現する。③はロールボックスパレットによる輸送により，作業効率化と輸送時の品質保持の向上である。この基本的なサービスは宅急便事業で不可欠なもので，海外でも必ず必要とされるものである。

ヤマトグループは，まずこの宅急便事業の基本的なサービスの「日本品質」にこだわる[12]。ここでいう「日本品質」とは，安全，安心，親切，思いやり，礼儀，笑顔など，日本人の性格，モノやヒトを大切にする価値基準にかかわるものである。サービス業の場合，顧客の気持ちを引き付けるためには，そのような人間の態度や気配りに関するものが大事になる。だからこそ，ヤマトグループは宅急便の海外移転には，このような日本品質を大事にする。したがって，これは海外でも絶対に守らなければならないもので，これをおざなりにすると，同社の優位性がなくなる。

このような基本的なサービスに加えて，ヤマトグループは海外市場にはなかった新たな付加価値サービスも展開している[13]。それは，たとえば時間帯指定，夜間配達，再配達（無料），年中無休営業，配達時の代金回収，保冷小口配送（クール宅急便）などである。こうしたサービスはまさに顧客の視点に立った，きめの細かいもので，いわゆる「日本的サービス」といってよく，顧客の好評を得ているものである。

こうした日本的サービスを海外市場でも提供するためには，当然のことながら絶えざる経営努力が必要になる。そこで企業には海外でどのような経営を実践するのか，ということも大きな課題になるが，ヤマトグループはアジア市場開拓に際し，ここでも変えるものと変えないものを区別している。

ヤマトグループの経営のなかで海外でも変えないものは，まず社訓や経営理念である。社訓や経営理念は企業経営の根幹をなすもので，ある意味では普遍

的なものである。したがって，同グループは海外展開に際しても，その社訓や経営理念を大事にし，それを変えずに移転している。

ヤマトグループの社訓とは，次のようなものである[14]。

(1)　ヤマトは我なり……これは社員一人ひとりが会社の代表者である，という意識を持つことを意味する。

(2)　運送行為は委託者の意思の延長と知るべし……これは顧客（委託者）の心を受け継ぎ，責任と誠意と真心をもって荷物を届けることである。

(3)　思想を堅実に礼節を重んずべし……これは社員一人ひとりが礼儀と節度を重んじ，社会や生活に役立つよう心がけるということである。

この社訓はヤマトグループの経営の実践に際し，最も重要で宅急便サービスの生命線といってもよい。したがって，海外拠点での朝礼，社員研修など，あらゆる機会を利用して，それを社員に伝え，彼らの心に浸透させることにしている。

次に，ヤマトグループの経営の特徴の1つに，「全員経営」と称されるものがある。これは「ヤマトは我なり」という社訓を体現するものであるが，この全員経営というマインドと経営スタイルも海外へ移転している。この全員経営とは，現場の社員から会社のトップまで，一人ひとりが経営者の立場に立って，一丸となって顧客志向の仕事をする経営をいう。言い換えれば，それは現場が自主的に働く体制の確立ともいえるものである。小倉昌男はいう。「『全員経営』とは，経営の目的や目標を明確にしたうえで，仕事のやり方を細かく規定せずに社員に任せ，自分の仕事を責任をもって遂行してもらうことである。」[15]

多くの会社ではトップが経営の意思決定をし，その部下たちがその指示に従って仕事をする。このため組織の下部層の従業員には自由裁量権がほとんどなく，したがって彼らは自主的な意思決定や仕事ができない。とりわけ，外国では一般にトップダウン式の経営であるので，現場の従業員には自由な意思決定の権限がほとんど与えられていない。また外国の企業ではブルーカラーとホ

ワイトカラーの階層的な差も大きい。しかし，ヤマトグループではそれとは真逆の経営が実践されている。これは同社の事業の性格によることでもあるが，小倉昌男の考えによるものでもある。彼はいう。「人間は基本的に，細かく指示されると不愉快になり，任されて自主的にやらせてもらうと気持ちよいものである。これはブルーカラーでも同じで，むしろブルーカラーの仕事のほうが，自主的にやらせたほうがうまくいくケースが多い。」[16]

この全員経営の主役が荷物を運ぶSDである。このため，ヤマト運輸では現場のSDの仕事を重視し，彼らが「ヤマトは我なり」のスピリッツを体現し，顧客へのきめ細かい日本的サービスの提供を徹底するよう指導している。なお，このSDは荷物の集配，営業，接客など，多様な業務を1人でこなさなければならない。寿司屋では職人は魚の仕入れ，支度，注文取り，握り，客との会話，勘定などを1人で行い，客に気に入られ，店を繁盛させなければならない。小倉昌男は，同社のSDに，このような寿司屋の職人のような人になってほしいと考えた[17]。

寿司屋の職人にはマニュアルなどない。一人ひとりの客に合うサービスはマニュアル化できないからである。これと同様に，ヤマト運輸でもSDの顧客に対するサービスには細かいマニュアルはない。マニュアル化できない，個々の顧客に合った細かなサービスを，SD一人ひとりが考える必要がある。しかし，企業のメンバー全員が仕事に対してやる気を出し，それを自主的に行い，かつ企業の目標とする成果を達成するのは簡単でない。そこで重要になるのがコミュニケーションだという。会社の方針や目標，仕事のやり方などを一人ひとりが納得いくまで説明し話し合いをする。これが重要だというのである。それゆえに，ヤマトグループでは海外拠点でも従業員間のコミュニケーションが非常に重視されており，それが全員経営を支えているといってもよい。こうして，この全員経営のスピリッツや方式も変えずに海外へ移転されている。

以上のように，ヤマトグループでは社訓・経営理念，全員経営が同社のDNAとして長く引き継がれ，イノベーションの原動力や顧客への高品質のサービスへと結実していくので，アジア市場の開拓の際にも現地へ移転されている。したがって，アジアの各拠点へ日本の本社から経営の大幅な権限が移譲され，そこで自律的経営が行われ，現地のSDに対しても自分自身の判断で行動する

図表 8-3　ヤマトグループのDNAの海外への移転と浸透・共有

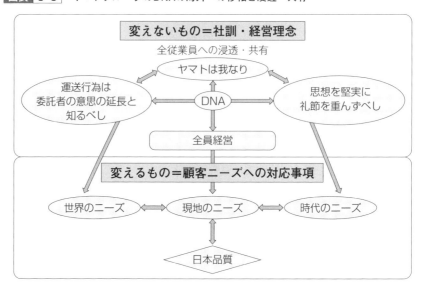

よう教育されている。こうして、宅急便という日本で開発された商品、ビジネスモデル、および日本的サービスがアジアでも実践されつつあるのである（図表8-3参照）。

## 3　現地人材の育成と課題

### 現地人材の教育と育成

　宅急便事業とそれに伴う日本的サービスを海外に移転し定着させるためには、現地で働く人材の役割が最も重要になる。そこで、次にヤマトグループが宅急便事業とそれに伴う日本的サービスを海外に移転し、定着させるために、どのように現地人材を教育し育成しているのか、そしてそこにはどのような課題があるのか、という点についてみていくことにする。
　まず、ヤマトグループの海外子会社の宅急便事業の人員構成についてみると、それは大別して、トップの管理者層、各エリアの責任者、SDから成る。トップの管理者層の人材は、ほとんどが日本人派遣社員であるが、現場の仕事を行

うエリア責任者とSDは現地人従業員である。ちなみに，海外子会社の社長についてみると，上海にある子会社の社長のみが現地人（中国人）で，シンガポール，香港，マレーシアのいずれの子会社の社長も日本人である。これは同社の海外進出の歴史が浅いことに関係しているともいえるが，それよりもむしろ日本で誕生し育った宅急便事業を海外に移転し定着させるためには，その事業を熟知した日本人が必要になるからである。したがって，彼らの主な役割は現地市場の開拓と現地人の育成ということになる。シンガポールの子会社の社長は，同社のトップの大きな役割として，アントレプレナーシップとリーダーシップを挙げているが，これはその証左でもある[18]。

　ところで，アジア市場を日本的サービスで開拓していくには，それを体現するSDの果たす役割が重要になる。ヤマトグループの場合には，現地人SDも，日本におけるSDと同様に，多様な業務をこなす寿司屋の職人のような「マルチプレイヤー」として仕事を行う。すなわち，彼らも日本人のように集荷，代金回収，配達，接客，営業などの多様な仕事を行う。しかも彼らは宅急便の配達に際しては，制服・制帽を身に着け，お辞儀，言葉遣い，笑顔など，日本的サービスを行わなければならない。しかし，顧客への配達時などの接客に際しては，日本と同様に基本的にマニュアルはない。

　一般に，外国では現場の作業に対してはマニュアルがあって，従業員はそれに従って仕事をする。しかし，ヤマトグループでは海外でもマニュアルに従って機械的に仕事をするよりも，人間の心や感情を大切にして仕事をするよう教育している。これは人種，民族，言語などが違っても，人間の心や感情は万国共通である，との同社の考えに基づいている。たとえば，人から「ありがとう」といわれると，人間誰であろうともうれしく思うものである。これは万国共通であろう。ヤマトグループでは外国でもSDに対して，顧客から「ありがとう」というお礼の言葉をかけられるような教育をしている[19]。

　このような日本的サービスを体現できるSDを育成するために，ヤマトグループは大別して，次の２つの教育システムを持っている。すなわち，①海外の現地でSDを指導する現地人マネジャーを日本に派遣し，日本で仕事やサービスの仕方を学習させる方法，②日本人インストラクターを現地に派遣し，現地人SDに宅急便の仕事やサービスの仕方を直接指導する方法がそれである。アジ

ア市場への進出当初には，②の方法にウエイトを置き，現地人SDの育成にあたった。ちなみに，この制度を導入した2009年から，そのインストラクターを公募しているが，アジア進出が本格化した2013年には累計229人の応募者があり，そのうち55人が海外に渡り，現地人SDの教育にあたったという[20]。

　ところで，現地人SDの教育内容は座学研修，乗務研修，安全研修，接客研修から成る。接客研修では，日本的サービスの特徴でもある挨拶，清潔感，丁寧さなどが徹底的に指導される。このような日本的サービスについては，最初は海外の従業員にとっては，大きな違和感や戸惑いがあった。たとえば，自分たちの仕事は荷物を届けることなのに，なぜ荷物を渡した顧客に対し，笑顔で「ありがとうございます」といわなければならないのか，またなぜ画一的な制服や制帽を身に着けなければならないのか，という気持ちが現地人SDにあった。実はこのような違和感や戸惑いは，かつて日本のドライバーにもあった。「自分たちの仕事は車の運転だ。車の運転が好きだからヤマト運輸に入社した。それなのになぜ人にペコペコしなければならないのか」というのである[21]。

　しかし，このような現地人SDが抱く違和感や戸惑いは，マンツーマンの教育を通じて次第に改善されるようになっている。加えて，ヤマトグループでは日本的サービスを徹底させるため，SDの研修に際し，「感動体験ムービー」を使用している。これは日頃の業務で顧客とのやり取りのなかで生まれた従業員の感動的な体験を集め，事例として映像化したビデオをみせるものである。研修のミーティングの冒頭で，参加者にそれをみせて感想を聞くと同時に，各人の体験談を共有し，参加者同士でディスカッションする。そして現地人SDが日本的サービスを共有する気持ちを高揚させ，自分自身の仕事に対する誇りを持てるようにしている。これはまた，全員経営の大前提である社員の自主性を促すとともに，社員同士のコミュニケーションの促進手段ともなっている。

　このような海外でのSDの教育プログラムのプロセスは，次のようになっている。たとえば，マレーシアのケースでみると[22]，入社してOJT（1日〜2週間）──▶本社での研修（10日間）──▶現場での研修（40時間の実作業）──▶社内免許取得後，実稼働へと進む。その期間は合計約1カ月である。またこの社内免許取得後，SDになるまでには，日本人のSDインストラクター，現地の熟練者から成るスペシャルチームから教育を受ける。日本からのインストラク

ターは，日本で培った宅急便のノウハウ，社訓・経営理念，ヤマトスピリット
を伝授し，また現地のシニアSDは同じ文化を持つ立場から新入社員を指導す
る。こうして現地の新入社員は，1～3カ月かけてヤマトグループのSDに成
長していく。

　ところで，前述したように，海外のSDも寿司屋の職人のように仕事をする
ことが求められている。換言すれば，彼らは上司や同僚など，外部から何らか
の指示を受けるのではなく，自ら気づき，主体的，かつ自律的に多様な業務を
遂行することが求められている。SDがこのような形で仕事をするためには，
一人ひとりが仕事に誇りを持っていなければならない。その結果が全員経営へ
とつながるのである。それゆえ，従業員の動機づけについては，外発的動機づ
けよりも「内発的動機づけ」が重視されている[23]。

　現地人SDの内発的動機づけを重視し，彼らの仕事への自発性を引き出すた
めには，それに対応した人事処遇が必要になる。日本企業の場合，海外に進出
しても，現地人従業員の人事処遇については，日本的な年功序列制度をベース
にして給料や昇進を決めるケースが多い。その結果，日本企業は多くの国の現
地人従業員から，「給料が安い」，「昇進が遅い」，「将来のキャリア形成が不明
確である」というような不満が多い。しかし，ヤマトグループでは現地人SD
に対しても，給料や昇進面では日本的な年功序列というよりも，むしろ会社へ
の貢献度を重視する実力主義が採用されている。

　また，SDのキャリア形成についても，本人の希望や能力次第で管理職への
道が開かれており，シンガポールや香港の現地法人ではそのような人材がすで
に誕生している[24]。さらに従業員の人事考課に関して，ヤマトグループではユ
ニークな方法が採用されている。それは「360度評価」と称され，上司の評価
だけではなく，「下（部下）からの評価」，「横（同僚）からの評価」もあり，
かつ評価項目についても，「人柄」について問う内容になっている。これは接
客を伴うサービス業では，人柄が重要になるからである[25]。

　さらに，社内の円滑なコミュニケーションを実現するために，組織図につい
ても，多くの企業とは異なっている。多くの企業では社長がトップに位置し，
その下に取締役，部長，課長などの管理職がおり，一般従業員は最下層に位置
づけられる，いわゆるピラミッド型の組織であるが，ヤマトグループではそれ

写真 8-1
香港ヤマト運輸のセールスドライバー (SD)

写真提供　ヤマト運輸

とは逆の組織図で，一番上が顧客，一番下が社長になっている。

## 現地人材の育成の課題

　ヤマトグループは，アジア市場の開拓のために，現地人の育成に注力するとともに，多くの工夫を試みている。とはいえ，その歴史が浅いので，現在のところ試行錯誤の段階でもあり，現地人の育成には多くの課題を抱えているといえる。その最大の課題は，日本人と外国人は異なる文化のもとで育っているため，物事に対する価値観，行動様式，習慣など文化の違いに起因するものである。

　まず，外国人と日本人とはサービスに対する価値観や考え方が違うという点である。日本の場合，経済のサービス化が進展し，サービス業に従事する人口も約70％を占め，その社会的地位も高くなってきている。また，サービス業に従事する従業員も「お客様は神様」とまではいわないまでも，常に顧客の立場に立って仕事をする。加えて，最近では顧客の心を先読みし，きめの細かい気

配りをする「おもてなし」も重視されている。

　しかし，外国，とくに発展途上国ではまだ経済のサービス化が進展しておらず，サービスに対する人々の価値観もそれほど高くなく，したがってサービス業に従事する人々の社会的地位も低い。多くの国では現在でもサービスを受ける側が主人であり，サービスを提供する側が従者であるという価値観が支配的である。

　こうした背景から，日本企業がアジア諸国でサービスを提供する際に有能な人材を採用するのは必ずしも容易ではない。しかし，顧客へのサービスにはその人の心を読み取る能力が必要になり，有能な人材が求められる。また，多くの国ではジョブホッピングも多いので，従業員に対して十分な教育を行うことが難しく，有能な人材不足という事態にも陥る。とくにシンガポールや香港では，このような問題が課題になっている[26]。

　また，日本企業と外国企業では仕事の仕方も違う。外国企業では，とくに現場の仕事には専門化や細分化が徹底しており，しかも従業員は上司の指示やマニュアルに従って作業を行う。これに対して，日本企業では仕事の専門化や細分化が行われていても，上司と従業員，および従業員同士が協力しながら仕事を行い，従業員の自主性も期待される。とりわけヤマトグループでは，前述のように，現地人SDに対する仕事の細かなマニュアルは存在しないし，寿司屋の職人のような役割が期待されている。こうした外国企業における仕事の仕方を考えると，海外で現場の従業員に対し，内発的動機づけで，寿司屋の職人のように，多様な仕事を任せられるかという疑問も湧いてくる。

　さらに宅急便サービスで重要になるコミュニケーションの方法についてみても，外国人と日本人では違う。日本は同質社会で高コンテクスト社会であるがゆえに，言語コミュニケーションよりも非言語コミュニケーションを重視する。「以心伝心」，「阿吽の呼吸」，「一を聞いて十を知る」などの言葉に象徴されるように，日本人は相手の心やその場の空気を読んでコミュニケーションをとることに長けている。他方，多くのアジア諸国でも欧米諸国のように，相手とのコミュニケーションには言語による表現が重要になる。このコミュニケーションの方法の違いを考えると，相手の心や感情に訴え，ときには感動を与える日本的サービスがアジア諸国の従業員に通用するかという問題もある。

ヤマトグループの宅急便事業は，日本では小倉昌男の「サービスが先，利益は後」という考えのもとで，顧客に対してきめの細かい高品質のサービスを提供して発展・普及したけれども，経済のサービス化が十分に進展していないアジア諸国では現地人の育成という視点からみても，多くの課題が残っている。

日本における宅急便は経済の成長や成熟化，人々のサービス需要の高まりとともに普及した。しかし，アジア諸国はまだそのような段階に達していない。それゆえアジア諸国の人々の間では，まだまだサービス意識よりもコスト意識が高い。とはいえ，アジアの富裕層もきめの細かい，かつスピード感のあるサービスを好む傾向にある。

宅急便事業に伴う，安心，安全，親切，思いやり，礼儀，言葉遣いなど，きめの細かい日本的サービスがアジア市場でも浸透し，普及するにはもう少し時間がかかると思われるが，急速な経済発展を遂げつつあるアジア諸国では宅急便は着実に発展しているのも事実である。ヤマトグループはアジア市場の開拓に着手して以来，異文化という高い壁を越えるべく，とくに現地人SDの教育と育成に力を入れてきているが，その挑戦や努力がこれからも続くであろう。そして同社の宅急便事業にかかわるサービスが世界の多くの国々で評価され，国際標準になる日が近い将来に訪れるであろう[27]。ヤマトグループの海外市場開拓に向けてのイノベーションが続くのである。

[付記]

本稿の作成にあたって，ヤマト運輸の本社と海外子会社のインタビュー調査に際し，同社の多くの関係者にお世話になった。ここに記して感謝の意を表したい。

▶注 ─────────

1　近年の企業間競争の背景については，桑名・宮下［2016］を参照されたい。

2　ヤマトホールディングスのホームページによる。

3　寺本［2017］はヤマト運輸のイノベーションを連続的サービス・イノベーションと捉えている。

4　第1回目のイノベーションについては，小倉［1999］を参照されたい。

5　小倉［1999］第3章，第4章，第5章を参照されたい。

6　小倉［1999］，172頁。

7　日経ビジネス編［2017］，118-119頁。

8　梅津克彦氏へのインタビュー記事「日本の『宅急便』をアジアの物流のスタンダードに　ヤマト運輸株式会社」［2013年6月3日］より。

9　ヤマトホールディングスのホームページより。

10　大谷友樹氏「ヤマト運輸のグローバル展開と人材育成」産官学連携トランスナショナルHRM研究セミナー（早稲田大学トランスナショナルHRM主催）での講演［2013年7月26日］，YAMATO TRANAPORT CO., TA-Q-BIN［2014］，Carlos Cordon & Masataka Ota［2016］を参考にした。

11　注10と同じ。

12　注10と同じ。

13　注10と同じ。

14　ヤマトホールディングスのホームページによる。

15　小倉［1999］，171頁。

16　小倉［1999］，190頁。

17　小倉［1999］，177頁。

18　ヤマト運輸シンガポール社のインタビューによる［2014年3月20日］。

19　ヤマト運輸本社でのインタビューによる［2016年9月12日］。

20　注10と同じ。

21　小倉［1999］，178頁を参照されたい。

22　山内秀司「マレーシアにおける宅急便事業」Universiti Utara Malaysiaでの講演資料［2016年8月25日］。

23　注10と同じ。

24　ヤマト運輸シンガポール社［2014年3月20日］と同社香港社［2015年3月18日］のインタビューによる。

25　小倉［1999］，261頁。日経ビジネス編［2017］，177頁。

26　ヤマト運輸シンガポール社［2014年3月20日］と同社香港社［2015年3月18日］のインタビューによる。

27　ヤマトホールディングスはクール宅急便について，日本で培った鮮度管理の方式や日々の配達状況のチェックの仕組みを体系化し，国際標準化しようとしている。すでに同社は英国の標準化団体での規格化に成功したほか，国際標準化機構（ISO）における規格化も目指している。「日本経済新聞」2017年10月4日付。

## ▶▶参考文献

石島洋一［2013］『クロネコヤマトの「感動する企業」の秘密』PHP研究所。

小倉昌男［1999］『小倉昌男　経営学』日経BP社。

小倉昌男［2003］『経営はロマンだ！』日本経済新聞社。

桑名義晴・宮下幸一編著［2016］『テキスト現代経営入門』中央経済社。

鈴木剛［2012］「第3章　ヤマト運輸：市場を創り，トップを走り続ける」伊丹敬之・
　西野和美編著『ケースブック　経営戦略の論理』日本経済新聞社。

瀬戸薫［2013］『クロネコヤマト「個を生かす」仕事論』三笠書房。

寺本義也［2017］「第3章　サービス・イノベーションの展開」寺本義也・中西晶編
　著『サービス経営学入門』同友館。

権奇哲［2008］「第5章　新しい事業の創造　ヤマト運輸の宅急便事業」東北大学経
　営学グループ『ケースで学ぶ経営学』有斐閣。

日経ビジネス編［2017］『ヤマト正伝』日経BP社。

野中郁次郎・勝見明［2015］『全員経営：自立分散イノベーション企業成功の本質』
　日本経済新聞社。

Cordon,C,M.Ota and P.Bochukava,［2016］Ta-Q-Bin and The Value Networking
　Design：YAMATO Group's for International Expansion, International Institute
　for Management Development in IMD.

Hwamg, H.B. and M., Mouri,［2014］YAMATO Transport., LTD.: Ta-Q-Bin, Ivey
　Publishing.

## 第9章 加賀屋
—— 「おもてなし」を台湾で実践する客室係の育成

**【会社概要】**

| 名　　　　称 | 株式会社加賀屋 |
|---|---|
| 創　　　　業 | 1906年9月10日 |
| 資　　本　　金 | 5,000万円 |
| 従　　業　　員 | 単体：290人，グループ全体：800人 |
| 年　　　　商 | 単体：92億円，グループ全体：140億円 |
| 主　力　業　種 | 旅館業 |

　北陸新幹線の開業やNHK朝の連続テレビ小説「まれ」の影響により，北陸が脚光を浴びている。北陸は福井県，石川県，富山県の三県から成り，加賀百万石に代表される金沢の城下町，東尋坊や黒部峡谷，数多くの温泉地など魅力的な観光地が数多くある。温泉地であれば，あわら温泉，宇奈月温泉，山代温泉，山中温泉，三国温泉などがあるが，なかでも最も奥まったところにあるのが石川県能登半島の和倉温泉である。

　和倉温泉は，能登半島の入口である石川県七尾市にあり，開湯1,200年の歴史を持つ温泉地である。関東圏や関西圏からのアクセスは決して良くはないが，ナトリウム・カルシウム—塩化物泉として，江戸時代に十返舎一九が賞賛したほどの温泉地である[1]。また，輪島をはじめとする能登半島の観光拠点としての立地と相俟って，観光客数は年間約90万人である[2]。

　この和倉温泉に創業100年を超える老舗旅館がある。旅館加賀屋である。「プロが選ぶ日本のホテル・旅館100選」において，2018年の総合順位で1位の評価を受ける日本を代表する旅館である。なかでも，おもてなしのサービスは高く評価されている。

　その加賀屋が2010年の年末に台湾へと進出した。いうまでもなく，加賀屋はホテルではなく旅館である。旅館は，女将さんや料理など日本的な色合いの強い業態である。日本的色彩の強い旅館を，文化や風土の異なる台湾へと展開し

ようとすれば，そこには多くの困難があるだろう。いかにして加賀屋は日本的色彩の強い旅館を海外へと展開したのだろうか。おもてなしのサービスを移転するうえで，どのような困難に直面したのだろうか。まず，加賀屋の歴史と事業概要について概観する。そのうえで，台湾事業について概観し，加賀屋の海外展開における「おもてなし」の移転についてみていくことにする。

## 1　加賀屋の歴史と概要

### 加賀屋の歴史

　加賀屋の創業は，小田與吉郎が12室30人収容の施設で旅館業を始めた1906年（明治39年）9月までさかのぼる。富山県との県境近くの加賀国津幡町出身の與吉郎が，農閑期に湯治のために和倉温泉へ通っていたことから，和倉の地で創業したのである。そのことは屋号である加賀屋にも表れている。その後，與吉郎の長男與之正が1918年に二代目，與之正の長男である禎彦が1979年に三代目，次男である孝信が2000年に四代目，禎彦の長男である與之彦が2014年から五代目として現社長に就いている。現在では，加賀屋は旅館加賀屋のほかにも，あえの風，松乃碧，虹と海，金沢茶屋などの異なるタイプの旅館を展開するほか，レストランやカフェなども事業展開している。

　100年以上の歴史を持つ加賀屋の基盤を築いたのは，二代目與之正とその妻，孝であるといわれている。とくに，孝は，サービスの質を向上させることに取り組み，現在まで引き継がれる加賀屋の「おもてなし」の原点を作り上げた。孝は，「サービスに対する姿勢を徹底させることで，宿泊客の満足度を最大に高める」という経営姿勢を打ち出し実行した。お客様の希望なら富山までハイヤーを飛ばして銘酒を買いに行かせたという[3]。また，女将による客室への挨拶回りを最初に始めたのも孝であった[4]。とはいえ，順風満帆に進んできたわけではない。いくつもの試行錯誤を繰り返しながら基盤を築いてきたのである。なかでも，1つの大きな失敗談がある[5]。それは，昭和16年に起きた出来事であり，孝は次のように振り返っている。

　　「……一流の会社のお取り引き先や幹部の方などが，大勢さんで和倉にお越しになられることになり，加賀屋を入れて四軒の旅館での分宿が決まりま

した。その頃は，七尾まで汽車で来て，七尾の港から船に乗り，湾内を遊覧してから，和倉港に着くというのが，大体のコースになっていました。各旅館では，お客さんが船着き場に着く頃に，波止場までお迎えに出かけるのです。

　その日も私は，いつものようにお迎えに行きましたところ，他の旅館の方もいらっしゃらなく，船影も見えないものですから『少し早過ぎたのかしら』と，一旦引き返し，子供に乳を与えているうちに，そのまま眠ってしまったのです。その時はよっぽど疲れていたのか，気がついた時には，船はもう着いてしまった後でした。髪もほぐれたまま，帯もどうしたのか忘れるぐらいに，波止場へ走って行きましたが，お客様に『一番おぞい旅館の女将が一番後に迎えにくるとは何事だ』と，皆の前でものすごい剣幕でどなられました。」[6]

こうした出来事を経ながら，加賀屋は「おもてなしのサービス」に対する姿勢を徹底させていくことになる。

## 加賀屋が提供するものと「おもてなしのサービス」

(1) 充実した設備

　加賀屋は，一般的な和風旅館のイメージとは異なり，きわめて大規模である。客室数は235室，収容人員は1,450人を越えるほどの規模を誇る。年間の宿泊客数は22万人であり，年間の客室稼働率が80％を超える[7]。客室係は約150人おり，1人が2〜3部屋を担当している[8]。

　加賀屋の建物は，雪月花，能登客殿，能登本陣，能登渚亭という4つの数寄

写真 9-1
加賀屋　全景
出所：加賀屋ホームページ
　　　（https://www.kagaya.co.jp/）。

屋造りの棟から成っている。能登渚亭は，1981年（昭和56年）に総工費45億円を投じて建設された。エントランスに吹き抜けとガラス張りのエレベーターが備え付けられ，高層ながらも和風空間がつくりだされている。客室は数寄屋造りの意匠で茶室を意識した造りとなっている。この年から，連続「日本一」がスタートする。さらに，1989年（平成元年）には，雪月花が総工費120億円をかけて建設された。雪月花は華やかさを前面に出すものとなっており，「マリオットマーキス」の吹き抜けを参考にして，それを和風にアレンジしたものとなっている[9]。地上20階地下1階，高さ71mに達し，完成時には国内最高層の旅館棟であった。

　建物の内部にも，豪華な空間が作り上げられている。加賀屋へ訪れる客は，旅館へ到着すると，客室係勢揃いでのお出迎えを受ける。その後，旅館内に入ると，七尾湾が目に飛び込んでくる。さらに，ロビーの最も奥の方に，天女が舞う輪島塗の大パネル，九谷焼，加賀友禅等調度品が飾られたラウンジ「飛天」がある。夏の晴れた日には，ロビーのガラスが開放され，七尾湾からの風を感じることができる。その後，客室へと誘導される間に，金沢の城下町を思わせる全長80m，1,000坪の「錦小路」を通り抜け，さらにシアタークラブ，「祭り小屋」，食事処のある「錦大路」を目にしながら，雪月花のシースルーエレベーターへと入っていくことになる。

　さらに，温泉浴場についても，男性用大浴場は野天風呂，空中露天風呂，大浴場が3フロアにまたがって設置されている。客は，浴場内のエレベーターで移動し，「温泉巡り」をすることができる。女性用大浴場については，2フロアに露天風呂が楽しめる「辨天の湯」と，装飾が鮮やかな「花神の湯」が設置されている。男性浴場も女性浴場もともに，それぞれ七尾湾を眺め波の音を聞きながら，ゆったりとお湯につかれるようになっている。宴会場については，館内には42カ所存在する。最大の宴会場は単独で500人までの利用が可能である。また，最も大きなコンベンションホールである「飛鳥」は最大1,000人までの利用が可能となる。

　このように加賀屋は，豪華な設備を誇っている。これは，代々の経営陣のなかに，コストをかけて投資をすることが，旅館の魅力を高めるという考え方があるからである。実際に，加賀屋は雪月花の完成後も，5〜10年の間隔で定期

的に施設のリニューアルや新事業へ投資を行うとともに，年間数億円の費用を
かけて，設備の維持・更新を図っている[10]。

　こうした投資は，みえる部分に留まらない。たとえば，調理場からバック
ヤードまで料理を自動運搬するシステムが導入されている。能登渚亭では床を
走るタイプ，雪月花では天井に敷いたレールを走るタイプが導入されており，
接客係の負担が軽減されている。その分，接客係は接客に多くの時間を割くこ
とができるようになっただけでなく，接客に集中することができるようになっ
ている。

(2)　食事サービス

　食事のサービス内容については，伝統的な和風旅館のスタイルがとられてお
り，1泊2食を含む宿泊料金が設定されている。客は客室（団体客の場合は宴
会場）で食事をとる。

　料理では，加賀屋は北陸の海に面していることから海の地元素材にこだわり，
野菜についても加賀野菜や能登野菜といった地物野菜を活かしている。それら
の素材を用いて，夏であればあわびやさざえ，冬であれば加能ガニやブリと
いったように，旬のものを活かした懐石料理が提供されている。

　加賀屋の料理に対するこだわりは，きわめて強い。それは料理が旅館サービ
スの重要な一翼を担っていることを理解しているからである。多くの旅館が食
材にかけるコストは25％程度といわれるなかで，加賀屋の食材原価率は30％に
なっている。ここには良質の食材で最高の料理を提供するという姿勢があ
る[11]。そして何よりも，客室で食事をとる際に，客室係の接遇に最も触れるの
である。食事は旅館において重要な役割を果たしている。

(3)　接客サービス

　加賀屋の接客サービスは，"おもてなし"によって示される。加賀屋の"お
もてなし"の原点をつくったのは，すでに述べたように孝である。孝が形作っ
た「お客様の要望に"ありません　できません"は言わない」という精神はい
までも受け継がれており，すぐに「できません」と即答するのではなく，それ
に応えようという気持ちが重視されている。

それでは，加賀屋のおもてなしのサービスとは何なのだろうか。加賀屋では，「サービスの本質は正確性とホスピタリティにある」と定義している。正確性とは，相手の要望に対して正確に応えることである。正確性を高めるために，有効なのはマニュアルである。マニュアル化を進めることで，失敗の確率を下げることができる[12]。合わせて，正確性を高めるために活用しているのが，「お客様アンケート」である。アンケートでは，料理，施設，サービスについてお客様から5段階で評価をしてもらう。これを通じて，お客様の期待に応えるように改善が行われていく[13]。

その一方で，ホスピタリティとは，相手の立場に立って思いやる心を意味している。もう少し具体的にいえば，加賀屋ではホスピタリティとは「笑顔と，宿泊客の思いを読み取る『気働き』で決まる」と位置づけている。気働きとは，お客とのちょっとした会話から何かに気づき，気づきを行動へ移すことである。たとえば，ふとした会話からお客様の誕生日やご夫婦の結婚記念日に気づくことで，配慮をするのである。このような配慮は，マニュアル化をするのが難しい。求められるサービスが多様化するなかで，先輩の経験から学んでいくことが必要となる[14]。

また，加賀屋では，「おもてなし」は臨機応変の対応を必要とするが，基本のできていないところに客を満足させられる対応は生まれない，と考えている。加賀屋では，プロとしての基本の習得に3カ月の研修プログラムを準備している。統括客室センター長の楠峰子（当時）は，「"おもてなし"はマニュアルをこなせて60点，それ以上は客と接する本人の感性次第です」と指摘している[15]。

**図表 9-1　加賀屋の品質方針**

| |
| --- |
| 1．お客様の期待に応える<br>　　お客様のご要望に対して，万全のお応えをする姿勢でサービスを提供する。<br>2．正確性を追求する<br>　　お客様の望まれること（時，物，心，情報）を理解し，正しくお応えする。<br>3．おもてなしの心で接する（ホスピタリティ）<br>　　お客様の立場に立って思いやりの心で接遇する。<br>4．クレーム0（ゼロ）を目指す<br>　　予防と是正を心がけ，お客様からのクレームがなくなるよう継続的改善を行う。 |

出所：加賀屋ホームページ（https://www.kagaya.co.jp/company/principle/）。

## 2 台湾への事業展開：日勝生加賀屋の開業までの道のり

　加賀屋は，2010年12月18日に，台湾のマンション・ディベロッパー日勝生活科技股份有限公司（以下，日勝生）と合弁で，台北郊外の北投温泉に和風旅館としての日勝生加賀屋を開業した。

　この事業は，2004年に決定していたが，当初は決して海外進出に積極的ではなかった。そこには，台湾側パートナーの日勝生と台湾観光庁の誘致があり，その一方で加賀屋創業100年周年事業の企画という要因が重なったのである。

　日勝生は北投温泉にマンション用地を確保したが，その場所は，明治期に日本の温泉旅館が初めて進出した史跡があった。そのため，日勝生は，史跡の保存の見地からも和風旅館の進出を計画していた。そして，のちに日勝生加賀屋の取締役（董事）になる徳光重人氏が[16]，日勝生と加賀屋を仲介して，加賀屋の評判を耳にした日勝生が「人気の加賀屋をそのまま台湾へもってきてくれ」と申し出を行ったのである[17]。また，台湾観光庁も，日本人旅行客を増やすために加賀屋出店の誘致を行った。

　他方，加賀屋は，2006年に創業100周年を迎えるにあたってメインのイベントを模索していた。また，バブルが崩壊し経営が苦しいときに，日系企業による200人規模の台湾人従業員の慰安旅行が1995年から毎年あり，それを契機に，台湾から多くの観光客が加賀屋に宿泊し経営が持ち直した経験があった。「きっかけは1995年にトヨタ自動車さんが台湾のディーラーの社員250名を視察旅行に招待した折，日本文化を肌で接してもらおうと，加賀屋をご利用いただいたことでした」と小田禎彦氏は述べている[18]。この旅行へ参加した客が加賀屋のサービスに感銘を受け，なかには再び家族で加賀屋を訪れ，また口コミで広く台湾の人々に知られるようになった。ただし，順風満帆であったわけではない。禎彦氏は次のように続けている。

　「台湾のお客様も最初のころは，バスタオルを腰に巻いたまま浴槽にジャブジャブ入ったり，刺身を鍋のなかで煮たりと大変でした。でも結果は大変好評。それは客室係のおもてなしでした。」[19]

　いまでは年間8,000～1万人ほどの宿泊客が台湾から来館するようになって

いる。加賀屋は台湾との深い関係を築くようになっていったことから，台湾進出の意思決定ができたのである。

## 開業までに立ちはだかる問題

日勝生加賀屋は2006年開業を計画していたが，実際には準備に7年かかっている。そこには，和風旅館の海外進出固有の問題があった。

（1）制度と建物の問題

「加賀屋を台湾に移転する」を実現するためには，和風旅館の建物建設が重要である。和風建築のために設計は日本の設計事務所へ依頼しなければならなかった。加賀屋の設計士は日本でも著名な設計士であり，そのステータスは高い。しかし，台湾のディベロッパーである日勝生はその対応を理解できず，苦労したという。

さらに，軒の長さなど和風建築が現地の建築基準と合わず，現地の法改正をするような調整作業を必要とし，現地の文化になじみがない大浴場の設計も見直しが求められた。そのほか，工期に関する認識ギャップや当初の見積もりより大幅に支出が増えたことなど，大きな困難があった。建設は，日本の「加賀屋」の各棟を手掛けた㈱大林組の台湾支社が行った。

また，「加賀」という商標はレストランとしてすでに登録されていたが，旅館業ではなかったので，交渉の末に使用することが認められた。

（2）部材調達の問題

開業にあたって，次に直面したことは，部材調達の問題である。当初，食器類は現地調達をする予定であったが，結局，九谷焼のような風合いが出せず，日本から全品入れざるをえなかった。

食材に関しても，刺身用の魚などは，魚の捌き方が異なるため，空輸で日本から調達している。野菜などは，現地のものを使うように考えているが，十分だとはいえない状況であった。開業当時の食材のうち，約7割は日本からのものであった。

第9章　加賀屋　171

⑶　人材採用と育成の問題

　旅館にとって，最も重要なことは，おもてなしの最前線に立つ接客係や日本の味を実現する料理人をはじめとする人材である。その確保に関して，料理人は，台湾に数多くの日本料理店が出店しているので，基本的な煮方や焼き方，刺身の切り方などができる人を採用することは難しくはなかった。当時，料理長をはじめ2人の料理人を日本から派遣することで問題が解決できた。

　客室係に関しては，先行して日本の加賀屋で将来の台湾で中核になるべき6人の台湾人客室係を採用した。また，現地での採用は当初の困難が予想されたが，異なる結果になった。仲居ともいわれる日本の旅館の客室係が台湾では認知（イメージ）されないのではないかという問題があった。台湾のホテルでは，フロント係やベッドメイキングはあっても，日本の旅館のような客室係という職業がなかったので説明に窮したという。そのため，日勝生加賀屋のマスコミ発表の際に，客室係についてフライトアテンダントのようなイメージを持つように説明をした。そして，着物や日本的な所作を身に付けるために，日本を理解して好感を持っている人物を募集し，採用には日本語検定2級以上を条件とした。

　日本の客室係は，幅広い年齢層で出身地も多様であり，ベテランを中心に7～8人でチームを組む。台湾では，日本語能力の高い20代，30代の大卒女性70人が採用された。また，比較的就職事情が悪かった台湾の中・南部の出身者が意図的に多く採用された。

　そして，新規に採用した70人は，派遣された2人の日本人客室係と先行して採用され，日本で1年間研修を行った6人の台湾人客室係をリーダーに研修が行われた。これらの研修生は，ほとんど脱落することなく開業をむかえた。待遇は，台北のOLの平均給与より10％程度高くした。また台湾固有の制度として，空いている時間を利用した社内アルバイト制度なども導入した。

⑷　おもてなしを学ぶ

　加賀屋のモットーに「笑顔で気働き」がある。この言葉は，加賀屋のクレドの最初に出てくる。加賀屋と日勝生加賀屋は同じ内容のクレドであるが，この言葉は翻訳されていない。これを理解することが肝要である。

日本での研修は，「おもてなし」の理解をはじめ，着付け，正座，茶華道など大変苦労したというが，ベテランの客室係が徹底して指導した。ここでの秘訣は，「日本文化を押しつけない」，「型からはいる」，「怒らない」，「マニュアル化」だという。日本語能力が高いことは，少なからず日本への関心がある人材なので，挨拶，所作，接遇など見よう見まねで学びながらも，その意味や理由について本人が意識するようになり，一から説明をするより身に付き方が早かったという。そのようにして，基礎ができると，その後の取得はスピードアップする。

　また，日本では，客室係は女将のもと中堅の接客係がチームのメンバーを世話し教育する。小田禎彦前社長は，「Tool Box Meeting」の大切さを説く。もともとは，「大工の棟梁が，仕事の合間に道具箱の上で弟子たちに教えること」である。おもてなしの伝授は，見よう見まねからすり込まれていくのである。

(5)　経営形態

　今日の世界的な高級ホテルのチェーン展開は，フランチャイズ方式や管理運営委託方式（マネジメントコントラクト方式）が主流であるといわれる。加賀屋の進出にあっては，加賀屋はフランチャイズ方式のみを考えていた。結果的に，日勝生と加賀屋で合弁会社「日勝生加賀屋國際温泉飯店（日勝生加賀屋）」を設立し，日勝生加賀屋と加賀屋の間にフランチャイズ契約が行われている。資本金は5億円，出資比率は加賀屋20％，日勝生80％である。したがって，通常のフランチャイズ契約とは若干異なっているのである。この配分比率は，和風旅館が決して採算性が高い事業ではないことと，パートナー双方の信頼性および収益の分配などの要素を考えたうえ決められた。

# 3　日勝生加賀屋の開業

　日勝生加賀屋は地下4階，地上14階，客室数90室を備えた旅館である。館内は「加賀屋」風の純和風様式を取り入れ，日本文化をあしらった吹き抜けのロビーを組み込んでいる。ロビーには金屏風と加賀友禅の着物が飾られている。

写真 9-2
日勝生加賀屋　全景
出所：加賀屋ホームページ
　　　(https://www.kagaya.co.jp/)。

## 日勝生加賀屋の経営

　開業時は稼働率80％以上であり，予想以上の盛況であった。人気は大変高く，客の国別比率は，おおよそ台湾7割，日本2割，その他1割であった[20]。現在では，年間26,000～30,000人で推移し，比率は，おおよそ台湾5割，中国・香港3～4割，日本1割強となっている。稼働率に関しては，日本と異なり，夏季と冬季の宿泊者数の差が大きく，開業期の盛況が一段落すると5割の壁に直面している。

　そこで，稼働率20％アップを目指し，たとえば日本国内では行っていない「1泊朝食プラン」を2013年から導入している。このプランにより宿泊数は伸びているが，本来加賀屋のおもてなしが夕食や客室での接客により主に行われるものであるので，基本的には1泊2食プランをすすめている。ただし，1泊2食プランも，夕食が，部屋か広間かの選択ができるようになっている。これは，いい料理によるおもてなしが第一義であり，広間での食事は，ショーやイベントに加え，広間の舞台など空間も楽しむことができるからである。

　また，収益に関しては，親会社への開業時の負債の返済が大きく，現在のところ単独では黒字にはなっていない。2015年より日勝生加賀屋への出資は，日勝生が100％の所有になり，運営権を持つことになった。他方，加賀屋は，日勝生加賀屋とフランチャイズ契約を交わし，商標権を保持し，経営指導料などのロイヤリティを得ている。

## 日勝生加賀屋の新たな取り組み

　加賀屋を台湾に移転するというコンセプトであったが，以下の点で日勝生加賀屋は新たな取り組みを行っている。

(1) 従業員の表彰制度

加賀屋ではアンケートに基づいてサービス向上を図っている。年間2.4万〜2.7万件程度のアンケートが寄せられており、年3回クレームゼロ大会を開催し、アンケートによる問題点の洗い出しと、クレームの多かった従業員に「逆表彰」と呼ばれるような評価をして、従業員の意識向上を図っている。それに対し、日勝生加賀屋では、アンケートの回収数も少なく、中国人は人前で叱責や注意を受けることは不名誉であり、離職につながるので、アンケート会議は月2回行うが、日本のような表彰や指導は行っていない。

(2) 女将の存在

日勝生加賀屋では女将が存在しない。女将は、和風旅館の特徴であり、オーナーによるサービス経営の根幹をなすものである。しかし、日勝生加賀屋で女将をおくと「雇われ女将」になってしまい、本来の女将とは異なってしまう。したがって、取締役や客室係のリーダーがその役を担っている。

(3) 客室係とフロント係の関係

加賀屋のおもてなしの1つに、客室係による玄関での出迎え、見送りがあり、フロントから客室まで一体となった「おもてなし」を行っている。しかし、日本では予期していなかった問題が生じた。それは、フロント係と客室係の間の連携不足である。たとえば、フロント係は、それまで高級ホテルのフロント経験者などが採用された。ところが、客室係との連携を経験したことがなく、フロントだけで完結するようなサービスを行うことがあったので、フロント係に加賀屋としての「おもてなし」の理解をさせる必要があった。

このような点においては支配人の役割が大きいが、日本の旅館経営を理解する人材を採用するのが難しい。現在の支配人は、日本の有名ホテルで10年以上の勤務経験があり、加賀屋を理解して管理、営業等を行っている。

## 4 「おもてなし」を実践する人材育成

旅館業の競争力の重要な源泉は、従業員の立ち振る舞いにほかならない。と

くに重要なのは，客室係である。開業当初，従業員は220人であったが，現在
では，164人である（2017年9月）[21]。これは，開業から時間が経ち，退職者
がいる一方，経験者によるスキルアップで職務範囲が拡大したことで対応して
いる。

　日本人は開業時8人が派遣されていたが，現在では，料理長1人だけで，加
賀屋より数カ月ごとにスーパーバイザーが派遣されている。

　また，客室係は76人であったのが現在は35人である。台湾ではホテル的なオ
ペレーション・サービスという考えが一般的で，「お客様のために一生懸命して
差し上げる」という「こと」を理解させることに苦労したという。また，日
本では，接客について客室係は裁量をもって対処している。その点を台湾で理
解させることは難しいが，お客様に個別に対応しなければならないので，いろ
いろな方法で取り組んでいる。

　客室係の育成は，日本でのやり方が踏襲され，リーダー，先輩からの徹底指
導（OJT教育）は現在でも継承されている[22]。客室係はミーティングを毎日行
い，その日の出来事を逐一報告し，共有している。客室係の仕事は，マニュア
ルの範疇から逸脱することも多いので，先輩からの体験談を聞く場面ではメモ
は欠かせない。そのほかフロアリーダーの会議なども開催されている。

　また，日本の加賀屋への研修も継続しており，毎年10月，11月に日本へ派遣
している。さらに，台湾の温泉地は，7～9月はオフシーズンなので，繁忙期
である日本に研修兼動員として派遣している。そのことにより，接客接遇のス
キルの向上や加賀屋での経験による意識向上がみられる。逆に，日本からも1
月，2月に台湾へ派遣している[23]。

## 客室係のキャリアパス

　日勝生加賀屋では，客室係の技能の見える化を図り，「客室係の技能検定と
学習発展パスポート－Creating Self-Value」という冊子を作成している[24]。図
表9-2は，客室係の技能検定と学習内容の関係を示している。客室係の技能
レベルを入門から松まで4ランクに設定し，検定基準は，「梅中，梅上，竹中，
竹上，松，松（専門），松（総合）」の7段階になり，それぞれの学習内容と検
定基準を明示した。たとえば，「松（専門）」以上は，いわゆる客室係のリー

**図表 9-2** 客室係技能検定と学習発展の関係図

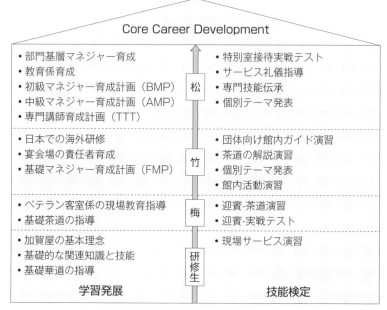

出所：日勝生加賀屋「客室係の技能検定と学習発展パスポート－Creating Self-Value」（筆者訳）。

ダーとなる。また，このランクは給与水準とも関連している。

客室係は，ヘッドハンティングのようなことはないので，採用されると一番下のランク「研修生」からスタートする。研修生は，基本的な知識として加賀屋の歴史や精神・おもてなしをはじめ，旅館の内容，服装やサービス，さらに茶道，華道の基礎を学ぶ。6カ月経つと「梅」のランクへの昇格審査を受けることができ，その後，1年9カ月以上のキャリアで「竹」，3年以上のキャリアで「松」の審査を受けることができる。

図表9-3は「客室係の技能検定と学習発展パスポート－Creating Self-Value」のなかにある「技能検定と学習発展－竹中」ランクの項目を抜粋したものである。

「竹中」のランクを得るには，「梅上」の検定に合格したうえで，1年9カ月以上のキャリアが必要である。検定は，オンライン・テスト（選択問題，簡単な問題，論述問題），実技試験，個別テーマ報告がある。「竹中」の検定は，オ

| 図表 9-3 | 技能検定と学習発展－竹中 |
|---|---|

**検定資格**

1．梅上の検定とサービス満足度調査の合格者は竹中，竹上検定を受けられる。

2．キャリアが1年9カ月以上のものが竹のオンライン・テストの申請ができる。

**職務価値**

この段階は上級のサービスの知識・技能を実践し，後輩の基礎指導とサポートを行う。

• 上級サービスの知識・技能の実践

• 基礎指導

　仕事で後輩を指導・協力し，また他の部門のサービスを支援し，現場の人と力を合わせられる。

**検定項目**

| 項目 | 審査基準 | 審査結果 | | | 完了日 | 審査官 |
|---|---|---|---|---|---|---|
| 館内ガイド | パートナーや専門学校の来訪者の案内ガイドを担当 合計5回 | ガイド日時 マネジャーのサイン | | | | |
| 茶道－亭主役 | 亭主役を20席以上担当 | | | | | |
| | 茶道の認定 | | | | | |
| 館内活動 | 10回以上企画 | | | | | |
| オンライン・テスト－竹 | 合格点数 －70点以上 | | | | | |

出所：日勝生加賀屋「客室係の技能検定と学習発展パスポート－Creating Self-Value」（筆者訳）。

ンライン・テスト70点以上，個別テーマ報告（日本研修のプレゼンテーション）4.5ポイント超（3人の評価員の平均）が合格ラインとなっている。これにより，自分のキャリア開発目標がわかるようになり，モチベーション向上につながっている。

## 5　「おもてなし」の海外移転：日勝生加賀屋の経営

　加賀屋は経済産業省平成24年度おもてなし経営企業選で「先進的モデル企業」で紹介され，通商白書にも取り上げられ「加賀屋の台湾進出は，我が国

GDPに直接計上される経済波及効果だけでなく，『おもてなし』という我が国独自のホスピタリティの付加価値輸出と考えることができる。我が国では当たり前と思われる，おじぎをはじめとするもてなしの心を『ジャパン・ブランド』として世界中に発信し，新しいサービス産業の一つの可能性をみせている。」と評価されている[25]。「おもてなし」の輸出は，わが国から新しいサービス産業として確立されていくだろうと指摘している[26]。日本政府がクールジャパンとして日本文化の海外発信をしており，加賀屋の台湾進出もその試金石といえよう。

　加賀屋の「おもてなし」の輸出を振り返ると，ハードとソフト両面の融合度の高さがわかる。ハード面では，旅館の建物の作り込み，室内装飾，設備，備品など，きめ細やかな風情の演出が必要である。また，ソフト面では，「サービスの本質は正確性とホスピタリティにある」，「笑顔で気働き」という加賀屋の精神の移転が肝要であり，従業員，とくに客室係に内在される。そして，そのためには，見よう見まねともいえる「型」から入るおもてなし教育をすることで，学びのスピードが上がる。さらにそのことは，おもてなしの本質を理解することへの関心を高めることになり，文化的な受容を促すのである。日勝生加賀屋の例は，オリジナルの採用，教育制度の導入が有用であることを示している。

　次に，おもてなしを持続させることも重要である。接客において，開業時の従業員が退職し，従業員の代替わりが進むと，当初のサービスの質を維持するのが難しくなる。そこで，おもてなしの定着と発展を図るために，クレドの導入や日々のミーティングによる先輩客室係の経験の共有，さらに，日本研修が重要である。こうして，全従業員は，加賀屋の理念や精神の理解をして，マニュアル化の難しい接客にあたっている。

　特定の場所で培われた固有の文化を，別の国や場所で再現することは容易なことではない。しかし，日本人が日勝生加賀屋を訪問しても大きな違和感を持たないかもしれない。まさに，和風旅館の海外進出モデルになるのではないだろうか。

　今後，日勝生加賀屋が和風文化の体験のようなテーマパーク的な存在となっていくのか。それとも日本文化と台湾での適応という相剋を克服し，ハイブ

リッド化した新しいサービスの旅館，ホテルとして受容されるのか，それを見極めるには，しばらく時間がかかるであろう[27]。


[付記]

　本ケースの作成は，以下のインタビュー調査に基づいている。

⑴　2013年3月7日　日勝生加賀屋國際温泉飯店股分有限公司　董事徳光重人氏

⑵　2014年6月14日　株式会社加賀屋代表取締役会長小田禎彦氏，常務取締役神前裕氏，経理部長浜田雅文氏，企画課鴫島雅人氏

⑶　2018年7月31日　株式会社加賀屋常務取締役神前裕氏

（役職はインタビュー時のもの）

ご多忙のなか，時間を割いて丁寧に対応して頂いたことに深謝いたします。


本研究はJSPS科研費JP18H00883の助成を受けたものです。


▶注 —————

1　和倉温泉の渡月庵の横に十返舎一九の歌碑がある。そこには，「捕りたての　鯛の片身を　おろしつつ　目を皿にして　景色見惚る」と記されている。

2　七尾市『データでみる七尾市の姿　平成29年度版』によれば，平成28年度の観光入り込み客数は能登地域全体で778万人であり，和倉温泉地域が86万人である。

3　プレジデント社［2009］75頁。

4　加賀屋ホームページより。

5　弘兼［2014］参照。

6　加賀屋ホームページより。おぞいは，北陸の方言で「良くない」の意味。

7　宮下［2012a］34頁。

8　小田［2015a］64頁。

9　前掲注8によれば，米国で40軒ものホテルを回って，最も感銘を受けた「マリオットマーキス」を参考にした。

10　小田［2015a］67頁。石川・戸谷［2008］3頁参照。

11　宮下［2012a］。

12　小田［2015b］40-42頁。

13　小田［2015c］74-77頁。

14　小田［2015b］40-42頁。

15 宮下［2012a］を参照。

16 金沢出身の徳光重人氏は，加賀屋と日勝生を結びつけた人物といえる。もともと，台湾進出をする日本のスポーツクラブの駐在員として派遣された。その後，SARSなどがあり，スポーツクラブが撤退する際に独立し，事業で関係のあった日勝生に加賀屋を紹介した。この事業には仲介人の徳光氏の存在が大きい。彼は和風旅館のこだわりを理解できる人物であり，しかも中立的であることが肝要であった。

17 野中［2011］。

18 注17と同じ。

19 注17と同じ。

20 中国からの客は，開業当初トラブルがあったので，一時期は政府関係者等のみとなっていた。また，2年間ですでに50回以上リピートしている香港の客がいた。

21 目標としては，190人程度である。

22 当初日本に派遣された客室係は，1人はフロント・リーダーとして残っているが，結婚等を契機に退職されている。そのほかの退職者も，一流ホテル等への転職者がいるという。OJT教育のほかに，加賀屋のマニュアルはすべて導入されている。ただし，すべて翻訳できなかったという。

23 加賀屋では，新幹線の開通時に45人程度採用した大卒の客室係が台湾への派遣に積極的である。台湾での経験により価値観の変化がみられるという。

24 このように明確なキャリア・デザインは，日本の加賀屋にはない。

25 経済産業省［2012］334-345頁。

26 前掲注25書345頁。

27 江夏［2012］は，日本（Japan）企業と台湾（Taiwan）企業によるこれまでの「垂直型分業」に代わる新たな「水平型分業」に基づく国際アライアンスの締結，日本と台湾の企業が協同で「ものやサービス」を共創する企業を「Taipan」企業と称している。そこでは，有為な才能豊かな人をグローバル，あるいはメタナショナルに募集して「適在適所」での経営をしている。

▶▶参考文献

大学時報編［2011］「和倉温泉『加賀屋』代表取締役社長小田隆信氏に聞く」『大学時報』104-111頁。

旬刊旅行新聞社［2012］「石川県和倉温泉 加賀屋，まったく新しい視点が必要に」『旬刊旅行新聞』2012年11月11日号。

旬刊旅行新聞社［2013］「旅館の海外展開を探る，加賀屋らが中国で調査事業」『旬刊旅行新聞』2013年4月1日号。

弘兼憲史［2014］「弘兼憲史の日本のキーマン解剖：台湾から毎年1万人超が殺到！老舗旅館のサービス術　小田與之彦加賀屋5代目社長」『プレジデント』2014年12月1日号，122-127頁。

片倉佳史［2012］「北投温泉を歩く—その1」『交流』No.858，13-22頁。

川端基夫［2008］「フランチャイズ方式での海外進出—統治の視点から見た分析フレームの提起」『流通研究』11⑵，93-111頁。

川端基夫［2010］「国際フランチャイジング研究の特性と課題：文献サーベイ」『龍谷大学経営学論集』49⑷，1-21頁。

経済産業省［2012］『通商白書平成24年度版』。

宮下幸一［2012a］「旅館『加賀屋』のビジネスモデル—"おもてなし"は世界のモデルになりえるか」『桜美林経営研究』第2号，33-50頁。

宮下幸一［2012b］「おもてなし：グローバル化の中の日本型サービスの普遍性」『ビューティービジネスレビュー』Vol.1，No.2，46-55頁。

村瀬慶紀［2008］「日本のホテル企業におけるグローバル化の可能性」『東洋大学大学院紀要』Vol.45，97-111頁。

日本経済新聞社［2013］「日本流おもてなし，温泉好き魅了—日本，一歩前へ⑷「台湾加賀屋」ルポ」『日本経済新聞電子版ニュース』2013年5月18日号

野中郁次郎［2011］「野中郁次郎の成功の本質：加賀屋」『Works』12月号，54-59頁。

小田禎彦［2015a］「第2回顧客と従業員の満足を引き出す投資」『日経ビジネス』2015年6月8日号，64頁。

小田禎彦［2015b］「サービスとは一体何か」『日経トップリーダー』2015年4月号，40-42頁。

小田禎彦［2015c］「第1回お金を生む「おもてなし」のあり方」『日経ビジネス』2015年6月1日号，74-77頁。

プレジデント社［2009］「おもてなしの心を磨く仕掛け：加賀屋」『プレジデント』2009年8月17日号，75頁。

石川裕之・戸谷圭子［2008］「日本を代表する旅館『加賀屋』（和倉温泉）」『同志社ビジネスケース』08-03号，3頁。

・WEB

江夏健一［2012］「『Taipan』モデル？」『世界経済評論IMPACT』2012年10月1日号　http://www.sekaikeizai.or.jp/active/article/1001enatsu.html

江夏健一［2018］「変なグローバル人「ザイ」論」『世界経済評論IMPACT』2018年１月15日号　http://www.sekaikeizai.or.jp/active/article/1001enatsu.html

第38回プロが選ぶ日本のホテル・旅館100選　http://www.ryokonet.co.jp/modules/100sen/index.php/2013/38_hotel_ryokan/38_top10_hotel.html

ホテルの経営形態　http://www.morihttp://www.morikan.co.jp/article/13244329.htmlkan.co.jp/article/13244329.html

# 終章 日本発のグローバル人的資源管理の展開へ

## 1 変わる日本企業

　日本企業の本格的な国際化が始まって半世紀近くになる。この間日本の代表的な企業は販売の国際化からスタートして，生産の国際化，研究開発の国際化へと順次進め，多国籍企業やグローバル企業へと成長・発展した。そして，それらの企業は現在グローバル・ネットワークを構築して，グローバル経営を展開している。

　企業がグローバル経営を展開するようになると，多様な能力を持った人材を多く必要とする。しかしながら，そのような人材を育成するには時間がかかるし，また外部労働市場から調達することもそう簡単ではない。このため，日本企業では人材の国際化がなかなか進まなかった。日本の地理的・歴史的背景もあり，日本人は外国人と直接接する機会が少なかったということもあって，国際ビジネス活動を行う知識や能力を十分に身に付けてこなかった。だが，この数十年間に経済のグローバル化が急進し，日本企業もグローバル経営を展開するようになり，そのような知識や能力を持った人材が不可欠になってきた。こうして今世紀に入り，日本企業にはグローバル人材の育成が急務の課題となってきた。

　もちろん日本企業は，その事業の国際化やグローバル化を進めるプロセスで，必要に応じて国際ビジネスを担当する人材を育成するようにしてきた。それと並行して，日本企業は海外派遣社員に対する人事制度も整備するようにしてきた。しかし，その進捗度は近年の国際ビジネス環境の変化のスピードに比べ，大きく後れをとり，IBM，ネスレなど欧米の先進的なグローバル企業に比べると，「周回遅れ」ともいわれている。

　国際人的資源管理には，大別して国際人材の育成と国際人事制度の構築とい

う2つの課題があるが，これまでの日本企業のそれには第1章で述べたように，次のような特徴や問題点があった。

第一に，日本からの海外派遣社員の人数が多いという点があった。確かに，海外進出の初期の段階では，日本の親会社から海外子会社へ生産技術や生産管理手法などを移転し，現地人従業員に経営理念や方針を浸透させなければならないので，多くの人材を送り込む必要がある。しかし，日本企業の場合，海外子会社の経営が一定の軌道に乗っても，日本からの派遣社員が子会社の主要ポストを占め続けるケースが多かった。これは日本企業の管理方法が，欧米企業のマニュアルによる間接管理とは違い，ヒトを通じた「直接管理」であったり，本社との調整のためのコミュニケーション上の問題もあるという理由もあるが，それにしても，日本からの海外派遣社員が多いのが大きな特徴だった。

第二に，現地人材の管理職への登用が少ない点があった。海外子会社の経営が軌道に乗るようになると，現地人材の動機づけやコスト面からみて，現地人材を育成して，彼らを管理職へ登用したほうが得策だと考えられるが，日本企業はそれに必ずしも積極的ではなかった。とくに，日本の海外子会社では現地人社長が少ないのが特徴であった。

第三に，本社における外国人従業員の採用と活用，外国人の役員の登用が少ない点も，日本企業の人事管理上の大きな問題点であった。確かに，外国人と日本人とは価値観，ものの考え方，習慣などが違うので，ときには双方の間で意見の対立を生むこともある。しかし一方，日本人従業員が外国人従業員の発想や考え方を理解できたり，彼らとの協働作業を通じて，より新しいアイデアが生まれる可能性もある。この結果組織が活性化することもある。また，外国人の役員の登用は，より広い世界的な視点からの経営判断を可能にし，またその人物の出身国の情報の入手や関連機関との関係強化なども期待できる。それにもかかわらず，日本企業の本社では外国人材の採用や活用が少なかった。

第四に，日本企業の人事制度は，事業の国際化やグローバル化が進んだにもかかわらず，依然として日本人のみを対象としているかのごとく，年功主義的色彩の強い，いわゆる「日本的」人事制度を保持し続けてきた。企業がグローバル化すると，人材の国際異動は親会社から海外子会社への一方通行のみならず，海外子会社から親会社へ，さらには海外子会社から海外子会社への異動も

ある。また，国籍を異にする多様な人とマルチカルチュラル・チームを組んで仕事をするときもある。このようになると，日本企業の人事制度も世界の多様な人々に通用するものにつくり変える必要があるが，そのような人事制度になっていなかった。それゆえ，日本企業の人事制度は外国人の目には，奇異で不可解な制度と映っていた。

　このような日本企業の国際人的資源管理は，日本企業に優位性がある段階まではある程度許容されたかもしれないが，その優位性を失い始めると問題点として浮上してきた。加えて，1980年代後半から企業のグローバル競争が熾烈化し，世界の企業間で人材獲得競争が始まると，それはより深刻な問題点として認識されるようになった。

　このような事態に直面した日本の先進的な企業は，その国際人的資源管理の改革に乗り出した。この結果，2010年頃から日本企業の国際人的資源管理において，少しずつ変化がみられるようになった。国際人材の育成についてみると，日本からの海外派遣人材の人数が次第に減少し始めるとともに，現地人材の育成やその管理職への登用にも積極的な企業がみられるようになった[1]。海外で現地子会社の幹部候補生を大量に採用する企業も出てきた。

　また，本社における外国人材の採用や活用についても，日本の大学で学んでいる留学生だけではなく，海外の大学の新卒を多く採用する企業も増えてきた。さらに，本社における外国人役員の登用も，かつては数えるほどの企業でしかみられなかったが，いまではかなり多くの会社でみられ，しかもその人数も増えてきている。一昔前には想像もしなかった日本本社における外国人社長も，数社で誕生し，日産の前社長であるC.ゴーン氏のように，同社を見事にV字回復させたということで，卓越した経営者として，一時期賞賛された外国人社長もいる。

　こうして日本企業においても，これからのグローバル競争に果敢に挑戦し，かつ勝ち残るために，グローバル人材の育成が大きな課題になり，こぞってその育成に取り組むと同時に，世界の多くの人々に通用するグローバル人事制度の構築に取り組むようになった。本書のケーススタディの対象になった企業も，大半がそのような企業である。

## 2　グローバル人的資源管理への動き

　本書のケーススタディの対象となった企業は，日本企業のなかでも早くから
国際化しているか，近年国際化したけれども，国際人的資源管理の改革に積極
的な企業である。前者にはブリヂストン，YKK，日立製作所，資生堂，パナ
ソニック，ナブテスコがあり，後者にはヤマト運輸，加賀屋がある。そのなか
で，日立製作所，資生堂は一時期業績が悪化し，大胆な経営改革を進めるプロ
セスで国際人的資源管理の改革にも取り組んでいる。ヤマト運輸と加賀屋は，
かつて典型的なドメスティック産業で，海外展開が難しいと考えられたサービ
ス産業に属しているが，海外市場の開拓に乗り出すとともに，国際人的資源管
理に力を入れ始めた。

　もちろん，本書のケーススタディで取り上げた企業も，国際人的資源管理の
改革は現在進行中で，今後さらに進展させると考えられるが，現時点ではそれ
らの会社の研究から，次の4つの特徴的な動きがみられる。すなわち，①グ
ローバル化と人事制度の世界共通化，②現地化と海外派遣社員による市場開拓，
③本社人材の国際化とダイバーシティ，④日本的サービスの海外移転と現地人
材の育成である。以下，これらの点についてみていくことにする。

### グローバル化と人事制度の世界共通化

　企業のグローバル化の進展とグローバル競争の激化に伴い，その競争で勝ち
抜くためには，民族，国籍，性別などにこだわらず，国際ビジネスを担える多
様な能力を有する人材を育成するとともに，世界の多くの従業員に受け入れら
れる世界共通の人事制度を構築する必要がある。本書のケースでは，ブリヂス
トン，YKK，日立製作所がそのようなグローバル人事制度を構築しつつある。

　ブリヂストンは，経営の最終目標として，「真のグローバル企業」と「業界
において全てに断トツ」を掲げている。この最終目標を達成するために，現在
同社は重要課題の1つとして，グローバル経営人材の育成に取り組み，そのた
めのさまざまな研修プログラムをスタートさせている。グローバル・ディベ
ロップメント・クラス：CDC)，グローバル・ディベロップメント・ネット

ワーク（GDN）などである。これらのプログラムは国籍，出自を問わず，優秀な人材を選別して研修を行うものである。また，同社はグローバル経営体制の整備にも取り組み，その結果として，本社の最高意思決定機関であるGlobal Executive Committeeには多数の外国人がメンバーとして加わるようになった。その数は2017年では7人で，全体の半数となっている。このため，その人事制度はグループ共通の外国人幹部にも通用するものへと変革されている。

　YKKは，現在世界73カ国・地域に進出し，グローバル経営と世界6極体制による地域経営を展開している。同社は，もともと「善の巡環」という経営理念を基軸に，現地に根づく経営を行っていたが，事業のグローバル化が進展するにつれて，その体制を支える人事制度を構築した。2000年には年功的な人事制度を改め，成果・実力主義的な制度へと転換している。この転換を機に，人事職層を一般職層と管理職層に分け，また多様な人事コースとグレード制も採用した。この人事制度改革において，同社は年齢，性別，学歴，国籍にこだわらない人事制度を目指した。もちろん，YKKにおいても，国際人材の育成プログラムが多数あり，とくに将来の幹部候補生を対象にしたグローバル選抜型研修プログラムが，その代表的なものである。

　日立製作所は，1990年代後半から経営業績の悪化が続き，とくに2008年のリーマンショック後記録的な赤字を計上して大規模な事業再編に取りかかった。同社は再生戦略として社会イノベーション事業にフォーカスするとともに，グローバル化をいっそう推進することにした。そして2010年に，「グローバルプレーヤーになる」との方針を掲げ，大胆な経営改革に着手し，人財マネジメントの改革にも乗り出した。その人財マネジメントの基本的な考え方は，会社と国境を超えて世界共通の人事制度を構築し，グローバル経営を担える次世代経営者を育成することにあった。そこで同社はグローバル人財データベース，グローバル・グレード，グローバル・パフォーマンス・マネジメントを導入し，さらにグローバル・リーダー育成のためのタレントマネジメントも行うようにした。

## 現地化と海外派遣社員による市場開拓

　企業が海外市場を開拓するためには，現地の顧客の心を摑み，そのニーズに

的確に応えることが何よりも重要になる。それには現地化戦略を徹底し，海外派遣社員がフロンティア精神を発揮して，現地の顧客のなかに入り込み，製品やサービスを工夫・改良しながら，一歩一歩開拓していくことが大事である。本書では資生堂とパナソニックが，このケースにあてはまる。

　資生堂は，現在「日本発のグローバルビューティーカンパニー」へと飛躍すべく改革を断行中であるが，同社も早くから海外市場に進出している。同社は化粧品を製造・販売していることもあって，もともと現地・現場を重視する戦略を展開し，海外子会社に大幅な権限を委譲しながら，その自主性を尊重する経営を行ってきた。したがって，日本からの海外派遣社員にも，「野武士」のような逞しさがあり，まさにフロンティア精神を持って米国，欧州，アジアの市場を開拓してきた。加えて，現地の商品販売の最前線に立つビューティーコンサルタント（BC）と呼ばれる女性たちは，「おもてなし」に象徴されるようなきめ細かい日本的なサービスに心掛け，現地の顧客の心を摑みつつ，信頼関係を構築して現地市場を開拓してきた。とくに中国市場の開拓では，彼女たちの上質な日本的サービスが奏功した。

　パナソニックのケースは，多言語・多文化社会で市場開拓やマネジメントがきわめて難しいといわれるインド市場の開拓に焦点をあてている。同社は1970年代初期からインドに進出しているが，2000年代初めまでインド事業の業績が低迷していた。このような状況を打破したのが麻生英範と伊東大三，というフロンティア精神にあふれた２人の日本人派遣社員であった。前者は，インド人の生活や消費行動を徹底的に調査し，現地の婦人会などの協力を得ながら，現地の人々のニーズに合うような電気炊飯器を開発し，その大幅な販売台数の増大につなげた。後者は，インド子会社の意思決定や製品の現地化などにより，その経営の現地化を促進させ，旧来の海外子会社と本社との垂直的な関係を打破した。

　これまでの日本の海外派遣社員の主要な役割は，親会社の生産技術やその管理手法の海外子会社への移転，経営理念や方針の現地従業員への浸透，本社と海外子会社との間の調整であった。しかし，いまや日本企業には，海外市場，とくに新興国市場のような競争の激しいところで競争に勝つためには，現地の顧客をターゲットにしながら現地市場を開拓することが求められている。その

終　章　日本発のグローバル人的資源管理の展開へ　189

ためには海外派遣者にも，これまでのような役割に加えて，まさにフロンティア精神を発揮して，現地社会に溶け込みながら現地市場を開拓する役目が求められている。資生堂とパナソニックのケースは，それを教えてくれている。

## 本社人材の国際化とダイバーシティ

　日本人とは異なる価値観や考え方を持つ外国人の能力を活用するためには，本社で彼らを採用し，かつ管理職に登用することが重要になる。それには企業に外国人の価値観や考え方を尊重し，それを受け入れる組織文化や制度がなければならない。本社にそのような組織文化や制度があれば，外国人も働きやすくなり，その能力も発揮できて，日本人従業員との間でシナジーが発生して，組織が活性化し，さらにはイノベーションへとつながる可能性もある[2]。本社の国際化とダイバーシティ・マネジメントの導入が叫ばれる理由がここにある。本書では，ナブテスコ，ブリヂストン，資生堂がこの方向にある。

　ナブテスコは，約半世紀前から海外展開を行ってきているが，現在中期目標として，経営の現地化を掲げている。この目標を達成するためには，同社は日本の本社と海外子会社の架け橋になる人材の育成が大事になると考えている。同社は，その解答として，本社での新卒の外国人の採用と活用に踏み切り，そのマネジメントを実践することにした。つまり，本社人材の国際化を図ろうとしたのである。この結果，同社では外国人社員に対応するために，ダイバーシティ研修が開始され，日本人社員の間で外国人社員と積極的にコミュニケーションをとったり，彼らの価値観や考え方を理解することの重要性が認識されるようになった。また，それによって日本人社員の海外赴任に対する心理的な障壁が低くなる，という副次的な効果もみられるようになった。しかも，その同社のユニークスは，外国人従業員を「外国人材」とは扱わず，「ジャパン・スタンダード」で，日本人と同等にマネジメントしている点である。英語を社内公用語にする会社とは真逆のケースできわめて興味深い。

　このような本社人材の国際化は，ブリヂストンでもみられる。同社は1980年代後半から欧米の著名な大学卒業生・大学院修了者を本社が採用し，日本で就業させてきた。また，海外子会社の外国人管理職を本社に出向させ，管理職として就業させてきた。確かに，このような試みは当初は本社の国際化に直結し

なかった。しかし今世紀に入り，外国人留学生の採用や中途採用が本格化したり，数名の海外子会社の外国人経営者が本社の役員を兼務するようになって，本社人材の国際化が進展した。

本社人材の国際化とダイバーシティについては，資生堂においてもみられる。同社は2015年から始まった経営改革の一環として，新しいグローバル経営体制を構築したが，本社の取締役・監査役は全員で11人であるが，その内訳は男性6人，女性5人である。また，その下にあり，大幅な執行権限が委譲されている地域本社のCEOの構成は，日本人が2人，外国人が4人となっている。

本書のケースでは，詳しく言及していないが，そのほかにYKK，日立製作所，パナソニックも，本社人材の国際化とダイバーシティのマネジメントの導入に取り組んでいる。

## 日本的サービスの海外移転と現地人材の育成

かつてサービス産業は，典型的なドメスティック産業で，国際展開には向かないと考えられていた。しかし，近年では日本の国内市場が少子・高齢化で急速に縮小してきているので，サービス企業の海外展開が加速化している。サービス業は顧客と直接接触し，コミュニケーションをとるケースが多いので，顧客への対応がきわめて重要になる。顧客に良質のサービスを提供すれば，それが顧客の心に響き，感動や感激を与えることにもなり，その結果として，それが企業の競争優位にもなる場合がある。

常に顧客の立場に立ち，きめ細かいサービスを提供する日本的サービスは，質の高さで世界最高と評価する人もいる。それゆえ海外進出の際に，そのような日本的サービスを企業の競争優位につなげようとする企業も少なくない。ヤマト運輸と加賀屋もそのような企業である。

ヤマト運輸は，2010年頃から宅急便事業でアジア市場の開拓に本格的に乗り出した。このアジア市場の開拓に際し，同社は安全，安心，親切，思いやり，礼儀などの「日本品質」にこだわり，その海外移転を試みている。そのきめ細かい日本的サービスを顧客に提供する主役が，ヤマト運輸ではセールスドライバー（SD）である。しかし，サービスに対する価値観や考え方は国や地域によって異なる。きめ細かい日本的サービスは外国人にはなかなか理解されない

ケースも多い。同社では日本からベテランのSDを現地に派遣して，現地人教育を行ったり，現地人従業員を日本に呼んで教育・研修し，日本的サービスを体得してもらうようにしている。

加賀屋も，ヤマト運輸と同じように，日本的サービスを海外に移転させようとする企業である。同社は日本のホテル・旅館のなかでも，長年にわたって総合1位の評価を受けるほどの有名な旅館で，とりわけ，その「おもてなし」のサービスの評価は高い。その加賀屋が2010年に，台湾で日勝生加賀屋をオープンさせ，接客に同社のモットーである「笑顔で気働き」をベースにした日本的サービスを提供することにした。そのサービスを提供するのが，主に客室係であるが，台湾人の客室係には，この「おもてなし」のサービスを理解させるのが簡単ではなかったという。主要な台湾人従業員を日本に1年間派遣し，開業前に日本からベテランの客室係を台湾に派遣して教育を行った。日本への派遣は現在も続いている。

このような「おもてなし」をベースとする，きめ細かい日本的サービスは資生堂のBCの顧客対応にもみられる。しかし日本的サービスは，確かに良質で世界的にも高く評価される潜在力を有すると考えられるが，他方，それは日本の文化や習慣という文脈のなかに価値があるので，外国ではなかなか理解されない[3]。それゆえ，ヤマト運輸や加賀屋のケースでみられたように，その海外移転と現地人材の育成には難題も多い。

日本企業の国際人的資源管理は，とくに欧米のグローバル企業のそれと比べると，非常に遅れているといわれているが，本書の対象となった企業は，その変革に挑戦している。その意味では，日本企業の国際人的資源管理は，いま大きく変わろうとしているといえる。

## 3 グローバル人的資源管理の展開への課題

以上でみてきたように，日本の先進的な企業のなかには，大胆に人的資源管理の改革に乗り出し，グローバル人的資源管理へとシフトする企業も少なからずみられる。この背景には国際ビジネス環境が急速に変化し，企業間のグローバル競争もますます激化してきているという現実がある。このような状況のな

かにあって，日本企業もグローバルプレーヤーとして，世界の多くの多国籍企業やグローバル企業に伍して，さらに競争を有利に進めていかなければならなくなっている。それだからこそ，日本の先進的な企業は，国際ビジネス活動のなかで，最も遅れていた国際人的資源管理の改革に乗り出したのである。そこで最後に，今後の日本企業のグローバル人的資源管理の展開に向けての大きな課題について若干考え，結びとしたい。

近年の企業を取り巻く国際ビジネス環境は大きく変化している。歴史的トレンドをみても，先進国の経済の成熟化・停滞，新興国市場の台頭，世界各国における経済格差の拡大，デジタル革命の進展，グローバル競争の激化など，企業経営を大きく揺さぶる事象が多く生起している。しかもその変化は予想を超えるスピードで起きている。このような大きな変化の時代にあって，企業が持続的成長を遂げるためには，イノベーションが不可欠になる。企業はイノベーションによって，新たなビジネスの地平を開き，グローバル競争で勝利し，持続的成長を目指さなければならない。まさに21世紀には，イノベーションこそが企業の優勝劣敗を決めるのである[4]。

イノベーションとは，シュンペーターによると，「創造的破壊」である。それは「既存のものに変えて，何か新しいものを創り出す」ことを意味する。イノベーションをこのように捉えると，企業にとっては，新しい技術，製品，サービスによって，新しい事業や市場を創造することがきわめて重要になる。いまの日本企業にとっては，このようなイノベーションをグローバルな戦略の視点から創発することが焦眉の課題となっている。言い換えると，いまの日本企業には，グローバルな「戦略的イノベーション」が必要なのである。

現在はまた，グローバル知識経済の時代でもある。この時代では知識や情報といった「見えざる資産」が価値を持ち，富を生み出す。しかも，その知識や情報はICTとインターネットの発展・普及によって世界中に拡散・散在するようになっている。したがって，新しい技術，製品，サービスに関する知識や情報は，世界のあちこちに存在する。それゆえ，グローバルな戦略的イノベーションのためには世界から学習したり[5]，世界とともに学習する必要がある。だからこそ，いまクロスボーダーM&A，グローバル・アライアンス，オープン・イノベーションなどが盛んなのである。

終　章　日本発のグローバル人的資源管理の展開へ　193

　日本企業がこのような活動を展開するようになると，世界の他企業，研究所，大学，政府機関，NPOなど，多様な組織や人々とパートナーシップを形成し，コラボレートしつつ，さらには共創することになる。実際に，いまの多国籍企業やグローバル企業は，世界の多様な組織とコラボレートし，新しい技術，製品，サービスを創り出している。たとえば，世界の複数の企業がビジネス・エコシステムを形成し，その企業の出身者が「リビングラボ」のような組織をつくり，お互いの知識や情報を出し合い，新しい技術や製品をつくるようになっている[6]。今後，このようなことが急速に増えると予想される。

　今後，このような，いわゆる「グローバル・チーム」あるいは「マルチカルチュラル・チーム」をつくってイノベーションを創発するようになると，国籍，性別，年齢に関係なく，多様な人材に通用する人事制度を持つと同時に，そのような人材に受け入れられる組織文化を形成する必要もある。その意味では，本書のケースでみたように，日本企業も世界共通の人事制度の構築やダイバーシティ・マネジメントの導入を進めていることは評価してよい。しかし，世界共通の人事制度を構築するといっても，たとえば，グローバルなグレード制度，評価制度，報酬制度など，その中身に入ると，その決め方は一律ではない。複数の方式がある。しかし，その構築に際しては，欧米のグローバル企業のグローバル人事制度をやみくもに模倣・導入することだけは避けるべきではないか。それはかつての成果主義の導入やコーポレート・ガバナンスの導入の例をみれば，一目瞭然である。

　一方，日本企業はグローバル人的資源管理の改革に際しては，ローカルな面にも配慮する必要がある。世界は長期のスパンでみると，グローバルな方向に向かって進んでいるとはいえ，世界の地域や国でいろいろな面で大きな違いがあるのが現実である。その違いこそが，企業に優位性をもたらす場合もある。世界の地域や国の違いに配慮せず，グローバル・スタンダードで人事制度を構築しても失敗するのは火をみるより明らかである。本書のケースでみた「現地化と海外派遣社員による市場開拓」や「日本的サービスの海外移転と現地人材の育成」の事例は，ローカルな面への配慮の重要性を如実に物語っている。日本企業はグローバル人事制度の構築に取り組んでいるといっても，現段階では多くの企業ではそれは緒についたばかりである。グローバルとローカルのバラ

ンスのうえに立つ人事制度の構築が望まれる。

　また，グローバル人材の育成について考えると，これからの日本企業は従来のそれとは違うタイプの人材を育成する必要があろう。すでに述べたように，これまでの日本企業は海外派遣社員の育成についてみると，本社や親会社主導の経営を行っていたために，主に日本から生産技術，生産管理手法，経営理念などの移転や本社との調整活動で能力を発揮できる人材を育成し派遣してきた。しかし，今後は戦略的イノベーションが重要になると考えると，そのような能力しか有しない人材では対応できなくなる。

　海外子会社の経営者といえども，戦略的な視点から新しい技術，製品，サービスを考え出し，新しい市場や事業を創造できる能力を持つ人材が必要になる。それには戦略デザイン力，フロンティア精神，起業家精神，共創的学習力，異文化マネジメント能力といった能力が必要になろう。グローバルとローカルな視点で，このような能力を発揮できる人材である。現在多くの日本のグローバル企業は，将来グローバルに活躍できることを期待して若手人材の育成に力を入れているが，このような能力を育てる人材育成に注力すべきではないだろうか。そのためには，日本企業は伝統的なOJTだけではなく，OFF-JTなどの教育制度もいっそう充実させることで，そのような異次元の人材育成につなげることが重要になっている。

　さらに，最後に付け加えるとすれば，日本企業は日本人の強みや良さを活かしつつ，世界の多くの人々に評価されるようなグローバル人材の育成や人事制度の構築を目指すべきではなかろうか。これまでの日本企業の国際人材の育成と国際人事制度は，従業員個人の能力や働く喜びを活かすというよりも，むしろ集団や組織の効率を重視したものであった。日本人や日本企業の強みや良さは，たとえば正確性，規律性，協調性，繊細さ，相手を思いやる心など，多々ある。これらに戦略デザイン力，フロンティア精神，起業家精神，共創的学習力，異文化マネジメント能力などが加われば，日本企業の優位性は倍加する。真に世界に通じるグローバル人的資源管理が展開できるのではないだろうか。日本企業で働く従業員が，日本人であれ，外国人であれ，そのような個人の能力の発揮と働く喜びが実感できるグローバル人的資源管理が展開できれば，日本企業においても，これからの時代に求められるイノベーションが生まれ，そ

の結果として，日本企業はグローバル競争で勝利し，持続的成長へと歩を進めることができるのではないだろうか。

▶注 ─────

1　（社）日本在外企業協会の調査によれば，2018年には海外従業員数に占める日本人派遣者数は過去最低の1.2％であり，海外現地法人における日本人社長比率も前回の調査［2016年］を大きく下回る38％で，さらにローカル社員の育成をグローバル経営の最重要課題に挙げる企業が多い。（社）日本在外企業協会［2019］。

2　寺本・廣田・髙井［2013］第10章参照。

3　伊丹・高橋・西野・藤原・岸本［2017］，149頁。

4　Hamel,G.［2000］Preface.

5　Doz.Y.L., J.Santos & P.Williamson［2001］参照。

6　Furr.N, K.O'Keeffe & J.H.Dyer［2017］参照。

▲▲参考文献 ─────

伊丹敬之・高橋克徳・西野和美・藤原雅俊・岸本太一［2017］『サービスイノベーションの海外展開』東洋経済新報社。

寺本義也・廣田泰夫・髙井透［2013］『東南アジアにおける現地法人マネジメント』中央経済社。

（社）日本在外企業協会［2019］，第10回「日系企業における経営のグローバル化に関するアンケート調査」

Doz.Y.L., J.Santos & P.Williamson［2001］，*From Global to Metanational : How Companies Win in the Knowledge Economy*，Harvard Business School Press.

Hamel,G.［2000］，*Leading the Revolution*，Harvard Business School Press.（鈴木主税・福島俊造訳『リーディング・ザ・リボリューション』）。

Furr.N, K.O'Keeffe & J.H.Dyer［2017］，Managing Multiparty Innovation, *Harvard Business School Review*，June 2017.（「エコシステムイノベーション：大企業が連携する新たな仕組み」『DIAMONDハーバード・ビジネス・レビュー』2017年6月号，74-84頁）。

# 索　引

### ◆ 英数 ◆

360度評価····················· 157
GKP······················· 19
MRO市場··················· 126
OJT······················· 133
SBU組織体制················· 16, 17
YKK精神··· 37, 39, 45, 47, 48, 49, 50, 51, 53

### ◆ あ行 ◆

麻生英範···················· 106, 113
アントレプレナーシップ········· 155
暗黙知······················ 94
意思決定の現地化·············· 108
伊東大三··············· 108, 111, 113
異文化マネジメント能力········· 194
内なる国際化·············· 11, 136
エスノセントリック············ 103
おもてなし······ 159, 163, 164, 165, 167, 168,
　169, 171, 172, 174, 178, 188
おもてなしの心··············· 92

### ◆ か行 ◆

海外派遣者················ 106, 112, 113
外国人材···················· 185
外国人従業員················· 184
外国人の採用と登用············ 6
外国人役員·················· 185
ガバナンス体制·········· 15, 18, 28, 33
慣性······················· 114
間接管理···················· 184
感動体験ムービー············· 156
起業家精神·················· 194
気働き················ 168, 171, 178

逆出向制度·················· 8
求心力················ 56, 59, 72
共創的学習力················ 194
クールジャパン··············· 178
グループ・キーポジション········ 19
グループ・グローバル経営····· 61, 72
グローバル企業の「国籍」········ 15
グローバル・グレーディング制度····· 138
グローバル人材·········· 1, 5, 194
グローバル人財データベース······ 59
グローバル人事制度········· 10, 193
グローバル人的資源管理········· 193
グローバル戦略··············· 11
グローバル・チーム············ 193
グローバル・パフォーマンス・マネジメン
　ト······················· 60
グローバルプレーヤー·········· 187
グローバル本社············ 18, 28
グローバル・マネジャー·········· 1
グローバルメジャー······· 55, 56, 67, 73
グローバル・リーダー············ 1
経営のグローバル化············ 58
経営の現地化················ 128
形式知····················· 94
現地化····················· 11
現地国人材·················· 5
現地人材············· 154, 184, 185
現地人社長·················· 7
現地人マネジャー·············· 3
コアバリュー······· 45, 47, 49, 50, 51, 53
高コンテクスト社会············ 159
コーポレート人材·············· 5
国際人材の育成··············· 183
国際人事制度············ 11, 183

国際人的資源管理……………………… 5
国際マネジャー………………………… 3
コンピテンシー………………………… 61

### ◆ さ行 ◆

サービスが先，利益は後……………… 145
指名委員会等設置会社………………… 28, 31
社会イノベーション事業……… 55, 57, 58
集中と選択……………………………… 122
ジョイント・ベンチャー……………… 149
所有特殊的優位………………………… 113
自律と共生………… 40, 41, 42, 51, 52, 53
人財部門改革……………… 61, 66, 72, 73
人事交流………………………… 103, 104
人事制度の世界共通化………………… 186
真のグローバル企業…………… 16, 31, 33
森林集団………………………… 40, 52
制度的補完性…………………………… 27
セールスドライバー…………………… 146
全員経営………………………………… 152
戦前のボーングローバル……… 15, 21, 23
善の巡環………………………… 39, 48, 53
戦略国…………………………… 111, 112
戦略的イノベーション………………… 192
戦略的国際人的資源管理……………… 6
創造的破壊……………………………… 192
組織文化………………………… 137, 189

### ◆ た行 ◆

第三国人材……………………………… 5
ダイバーシティ………………………… 52
ダイバーシティ研修…………… 133, 137
ダイバーシティ・マネジメント…… 9, 189
タレントマネジメント…… 56, 66, 67, 68, 72
断トツ……………………… 16, 17, 25
直接管理………………………………… 184
同一成果同一報酬の原則……………… 42
土地っ子……………………… 39, 48
ドメスティック産業…………………… 148

### ◆ な行 ◆

内発的動機づけ………………………… 157
中村邦夫……………………………… 103
ナブテスコウェイ……………… 133, 134
ニッチ市場……………………………… 125
日本的サービス………… 141, 186, 190
日本品質………………………… 151, 190
年俸制…………………………………… 42

### ◆ は行 ◆

バウンダリー・スパナー……………… 113
バリュー・ネットワーキング構想…… 147
ビジネス人材…………………………… 5
ビジネスモデル………………………… 145
日立グローバル・グレード…………… 60
ビューティーインストラクター……… 94
ビューティーコンサルタント……… 12, 77
ビューティースペシャリスト………… 93
ファンクショナル人材………………… 5
複数文化………………………………… 113
フランチャイズ………………… 172, 173
ブランドポートフォリオ……………… 81
プロモーション………………………… 109
フロンティア精神……………………… 194
ボーンアゲイングローバル…………… 58
ホスピタリティ………………… 168, 178
ボランタリー・チェーン・システム…… 85
本国人材………………………………… 5
本社国際化……………………………… 27
本社人材の国際化……………… 186, 189

### ◆ ま行 ◆

松下幸之助……………………… 101, 102
マトリックス組織……………………… 81
マニッシュ・シャルマ………… 108, 111
マニュアル……… 168, 172, 175, 178
マルチカルチュラル・チーム…… 185, 193
マルチプレイヤー……………………… 155
見えざる資産…………………………… 192

ミニ松下……………………………… 105

### ◆ や行 ◆

野戦の一刀流…………………… 39, 40, 48
ヤマトは我なり…………………… 152

### ◆ ら行 ◆

リージョナル人材……………………… 5
リージョナル・ヘッドクォーター……… 96
リビングラボ…………………………… 193
流通チャネル…………………………… 110
両利き経営……………………………… 72
ローカル人材…………………………… 5

［著者紹介］

桑名義晴（くわな よしはる）　　　　　　　　　　第1章・第5章・第8章・終章
桜美林大学名誉教授，千葉商科大学大学院客員教授，国際ビジネス研究学会常任理事，
パーソナルファイナンス学会前会長，日本経済学会連合理事・事務局長など。
主著：『国際ビジネス研究の新潮流』（共編，中央経済社，2008年），『異文化経営の
世界』（共編著，白桃書房，2010年），『多国籍企業と新興国市場』（共監修，文眞堂，
2012年）。

岸本寿生（きしもと としお）　　　　　　　　　　　　　　　第3章・第9章
富山大学経済学部教授，国際ビジネス研究学会理事，パーソナルファイナンス学会
常任理事。
主著：『理論とケースで学ぶ国際ビジネス（第4版）』（共著，同文舘出版，2018年），
『国際ビジネス研究の新潮流 シリーズ国際ビジネス5』（共編，中央経済社，2008年）。

今井雅和（いまい まさかず）　　　　　　　　　　　　　　　第2章・第4章
専修大学経営学部教授，国際ビジネス研究学会常任理事，パーソナルファイナンス
学会常任理事。
主著：『新興大国ロシアの国際ビジネス』（中央経済社，2011年），『新興市場ビジネ
ス入門』（中央経済社，2016年）。

竹之内秀行（たけのうち ひでゆき）　　　　　　　　　　　　第7章・第9章
上智大学経済学部教授，国際ビジネス研究学会理事。
主著：「自動車部品メーカーの対中進出と相互依存的立地選択行動」『多国籍企業研
究』第10巻，2017年（共著），「中国市場への進出における相互依存的立地選択行動
と環境の不確実性：事業経験と参入モードの影響」『日本経営学会誌』第43号，2019
年（共著）。

山本崇雄（やまもと たかお）　　　　　　　　　　　　　　　　　　第6章
神奈川大学経済学部教授，国際ビジネス研究学会常任監事，異文化経営学会理事，
パーソナルファイナンス学会理事。
主著：「IoT時代における飲食・教育業界のイノベーション：活用・探索型併用マネ
ジメントの方向性」『世界経済評論』62（5），50-58頁，2018年，"Explorative activity
and dual embeddedness of foreign subsidiaries: a case study of Japanese general
trading companies,"『商経論叢』52（3），91-111頁，2017年（共著）。

ケーススタディ
グローバルHRM（人的資源管理）——日本企業の挑戦

2019年10月30日　第1版第1刷発行

著　者　　　晴　生　和　行　雄　継
　　　　　　義　寿　雅　秀　崇
　　　　　　名　本　井　内　本
　　　　　　桑　岸　今　竹　山
　　　　　　　　　　之

発行者　山　本　　　継

発行所　㈱中　央　経　済　社

発売元　㈱中央経済グループ
　　　　パ ブ リ ッ シ ング

〒101-0051　東京都千代田区神田神保町1-31-2
電話　03（3293）3371（編集代表）
　　　03（3293）3381（営業代表）
http://www.chuokeizai.co.jp/
印刷／三　英　印　刷　㈱
製本／㈲井　上　製　本　所

Ⓒ 2019
Printed in Japan

＊頁の「欠落」や「順序違い」などがありましたらお取り替えいた
しますので発売元までご送付ください。（送料小社負担）
ISBN978-4-502-31871-9　C3034

JCOPY〈出版者著作権管理機構委託出版物〉本書を無断で複写複製（コピー）することは，
著作権法上の例外を除き，禁じられています。本書をコピーされる場合は事前に出版者著
作権管理機構（JCOPY）の許諾を受けてください。
JCOPY〈http://www.jcopy.or.jp　eメール：info@jcopy.or.jp〉